AF542587

Collection "Culina"

Le vol. net: 95 cent.

La Pâtisserie

III. COURS MOYEN, en 10 leçons, à la portée de tous

ORNÉ DE 80 PHOTOGRAPHIES ET 21 DESSINS EXPLICATIFS A LA PLUME

Photo Seeberger.

EDITIONS "CULINA"

LA PATISSERIE

III. — COURS MOYEN

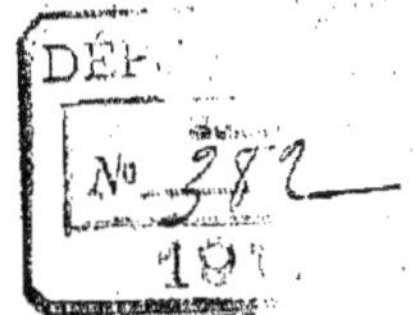

G. DUMONT

LA PATISSERIE

III. COURS MOYEN EN 10 LEÇONS

A l'usage des Jeunes Filles et Cuisinières

ORNÉ DE 80 PHOTOGRAPHIES D'APRÈS NATURE

ET 21 DESSINS EXPLICATIFS A LA PLUME

ÉDITIONS DE " CULINA "
27, Rue des Cloys
PARIS

AVANT-PROPOS

Si vous connaissez réellement bien la Pâtisserie *(écrivais-je dans l'Avant-propos du Cours Elémentaire de Pâtisserie)*, ce livre ne pourra que vous importuner et je vous conseille de ne pas le lire.

Je m'étais trompé et de nombreuses lettres me l'ont prouvé. Beaucoup de praticiens ayant ouvert ce livre et ayant remarqué cette phrase, n'ont pas suivi mon conseil, l'ont acheté et lu. Pourquoi, me disent-ils en substance, ne vouliez-vous pas que nous le lisions? Nous l'avons fait et nous nous en sommes bien trouvé, nous y avons remarqué des conseils et des observations qui nous ont été très utiles, *malgré notre initiation, un peu rudimentaire il est vrai (car ce sont des jeunes qui m'ont écrit).*

Aussi, cette fois je me garderai bien de répéter cette phrase qui devait sélectionner mes lecteurs. C'est qu'aussi le genre en a changé et que j'ai abordé dans ce cours des sujets plus ardus en tenant compte des connaissances que doivent posséder les personnes qui ont suivi ce cours dès le début. Je remercie mes nombreux lecteurs de la première heure, car le bon accueil fait à mon modeste ouvrage a de beaucoup dépassé mes espérances. Je remercie aussi les grands auteurs que je citais au début de cet ouvrage et dont je sollicitais l'indulgence. Après examen, ils ont fait mieux et m'ont adressé leur approbation qui n'a été rien moins que flatteuse à la fois pour le genre nouveau de ce cours ainsi que pour la précision et la clarté qui, disent-ils, y règnent d'un bout à l'autre.

Quelque flatteuse pour moi que puisse être leur opinion, quoique grisant que fut le succès de ce cours sans prétention, je vous prie de croire que ces éloges flatteurs ne m'ont pas blasé, car j'estime que je ne méritais pas tant, et j'ai tenu à faire mieux encore pour les mieux mériter à l'avenir. Ce n'est donc pas le cours ordinaire d'un professeur arrivé à l'apogée que vous allez suivre, mais bien celui d'un auteur à qui vous avez imposé par vos encouragements et vos éloges la devise :

« Toujours plus haut ! »

G. DUMONT,

Ex-chef confiseur de la Maison Lagant,
rue N.-D.-des-Champs, à Paris.
Ex-chef cuisinier pâtissier de la Maison Boisset-Graff
15, rue de Beaune, à Paris.
Ex-chef pâtissier cuisinier de la Maison
Félix Potin, à Paris.

LES BABAS AU RHUM

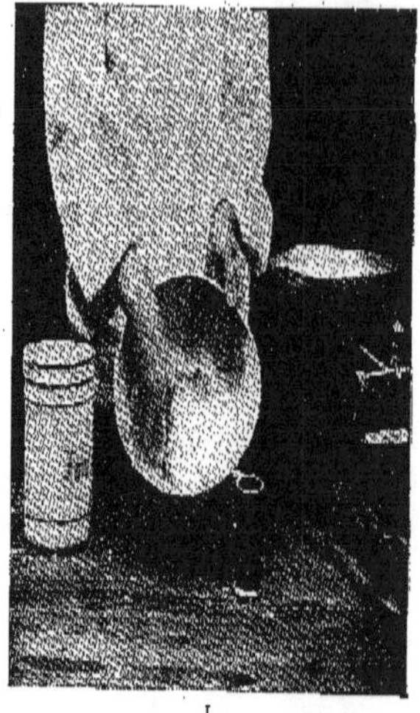

I

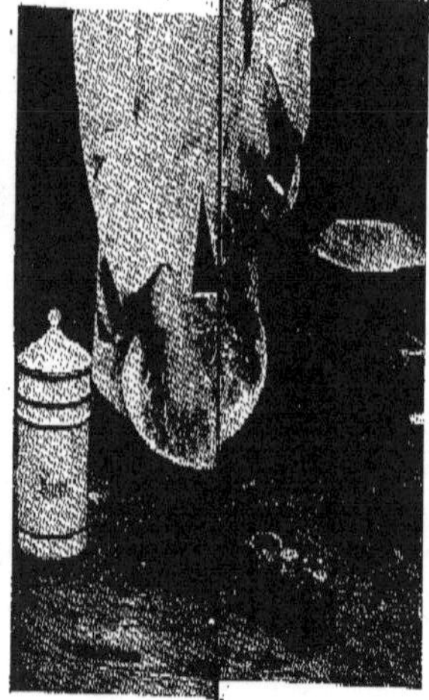

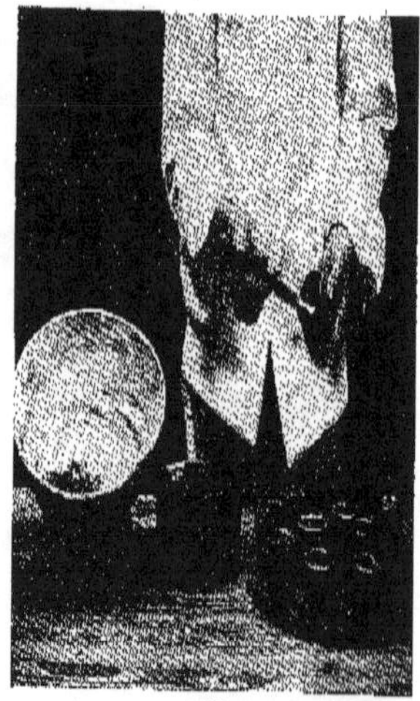

VI

II

VII

Comment se font s Babas au Rhum

I. — Détrempez dans une terrine 60 grammes de farine tamisée et 10 grammes de levure avec 1 décilitre de lait tiède.

II. — Laissez lever cette pâte en lieu tiède pendant une demi-heure et, pendant ce temps, cassez 4 œufs dans un bol.

III. — Pesez 200 grammes de farine et déposez-la sur le levain. Ajoutez-y 5 grammes de sel et détrempez la pâte avec les œufs mis un par un.

IV. — Mélangez 15 grammes de sucre en poudre délayé dans 1/2 décilitre de lait tiède, à la pâte.

V. — Mélangez, pour finir, 125 grammes de beurre fondu à peine tiède et laissez lever la pâte pendant une heure en lieu doux.

VI. — Beurrez des moules et, après avoir mélangé 100 grammes de raisins (Smyrne et Corinthe mélangés) à la pâte, garnissez-les à moitié. Laissez-les lever en lieu tiède à hauteur du moule et cuisez-les 20 minutes à four doux.

VII. — Faites un sirop léger avec 350 grammes de sucre et 4 décilitres d'eau. Au premier bouillon, tirez-le hors du feu et parfumez-le avec 1 décilitre de rhum. Trempez-y les babas jusqu'à ce qu'ils soient bien imbibés et égouttez-les sur une grille.

VIII. — Les babas terminés.

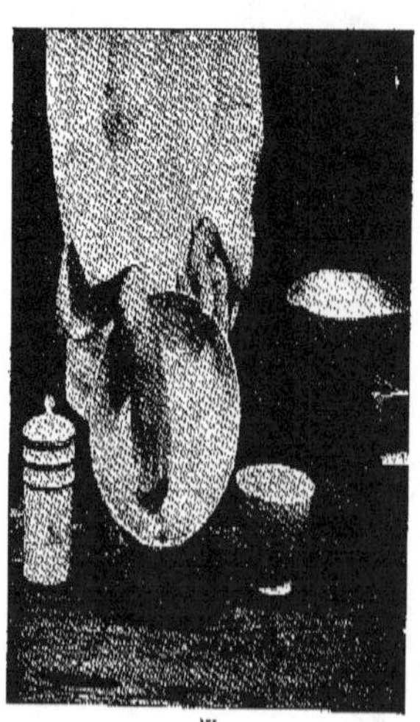

III

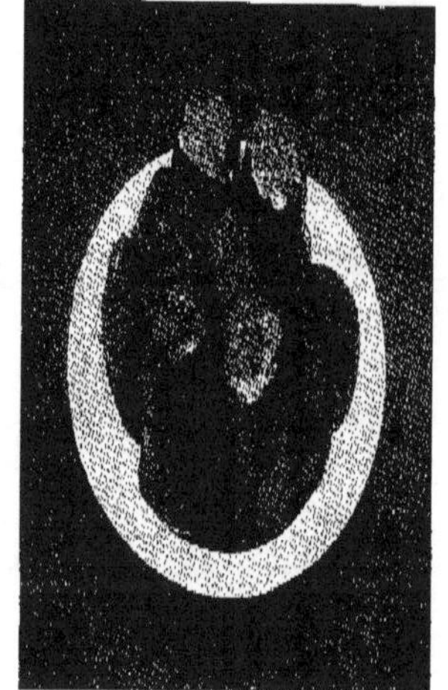

VIII

VINGT-ET-UNIEME LEÇON

Le Gâteau Moka

Nous entrons maintenant dans une partie, sinon la plus intéressante, du moins une des plus intéressantes de la pâtisserie : les gâteaux d'entremets.

Le plus connu, le plus simple et un des plus appréciés parmi ces gâteaux est, sans contredit, le gâteau moka.

Le gâteau moka a été connu très longtemps sous le nom de gâteau Quillet, du nom de son créateur. Il est du reste encore de nos jours la grande spécialité de cette maison, située rue de Buci. Mais qui peut se flatter, de nos jours, de faire seul un gâteau que nul ne pourra imiter ?

La vogue du gâteau Quillet, qui l'accueillit dès son apparition, stimula l'idée d'imitation chez tous les pâtissiers parisiens et même de la province et, aujourd'hui, il n'est pas de maison qui ne fasse le gâteau moka.

Dans le livre *La Pâtisserie (Cours élémentaire)*, pages 108 et 109. Nous avons indiqué en une série de huit photos la manière de confectionner le gâteau moka.

Si je vous cite cela, c'est pour que vous puissiez vous y reporter et voir les principaux mouvements qui y sont représentés.

Les diverses phases de la confection d'une génoise, sont également mentionné aux pages 80 et 81 du même *Cours élémentaire de Pâtisserie* (volume broché à 0 fr. 95 et relié à 1 fr. 50).

Il y a plusieurs recettes de crème au beurre et de génoise, et je pense bien faire en vous communiquant la meilleure recette, celle qui donne le meilleur résultat. Il va sans dire que ce n'est pas la moins coûteuse, mais elle est encore très économique, comme vous pourrez en juger.

Je vais vous donner les proportions utiles pour faire un moka suffisant pour six à huit personnes, ce qui est une bonne moyenne. Ce gâteau se conservant plusieurs jours sans inconvénient, on peut le faire pour quatre à cinq personnes. Vous pourrez cependant diminuer les proportions pour un nombre moindre de personnes.

La confection du gâteau moka peut se diviser en trois opérations essentielles :

1° Préparation de la génoise;
2° Préparation de la crème ;
3° Confection du gâteau moka.

1° *Préparation de la génoise.* — Dans toutes les bonnes maisons de pâtisserie, on fait des fonds spéciaux pour chaque entremets. Les fonds sont eux-mêmes appropriés et parfumés suivant les entremets dont ils doivent constituer la base. Dans le cas présent, le parfum est tout indiqué, car le moka, son nom l'indique, est un entremets au café. La génoise sera donc, autant que possible, parfumée au café. C'est à ces petits riens qu'on reconnaît la véritable pâtisserie fine, c'est-à-dire celle des bonnes maisons de commerce et celle qu'on doit faire dans toutes les maisons bourgeoises qui se respectent.

PROPORTIONS :

125 grammes de sucre en poudre ;
125 — de farine de gruau tamisée;
125 — de beurre fin fondu;
4 œufs moyens bien frais;
1 prise de sel;
1 cuillerée à café d'essence de café concentrée.

PROCÉDÉ. — Cassez dans une bassine en cuivre, étamée ou non, les 4 œufs moyens que vous aurez choisis très frais. Versez-y le sucre en poudre. Battez le tout au fouet en plaçant la bassine à feu doux jusqu'à ce que le mélange soit devenu à peine tiède. Le meilleur moyen consiste à placer la bassine au-dessus d'une sauteuse ou d'une casserole contenant un peu d'eau bouillante, sans que le fond de la bassine touche cette eau.

Quand le mélange aura tiédi, continuez à le battre hors de toute chaleur jusqu'à ce qu'il soit devenu léger, mousseux et blanchâtre. Ajoutez-y alors la cuillerée d'essence de café, soit l'essence qu'on trouve dans le commerce, ou une cuillerée à bouche de café très fort spécialement préparé pour cet emploi en passant 1 décilitre d'eau bouillante sur 50 grammes de café moulu placé dans un filtre ordinaire.

Quand le mélange aura été bien battu, mélangez légèrement à la spatule les 125 grammes de farine tamisée sur un papier, puis le beurre fondu à peine chaud et jamais bouillant.

La pâte de génoise sera alors prête et vous pourrez, avec la quantité que je vous indi-

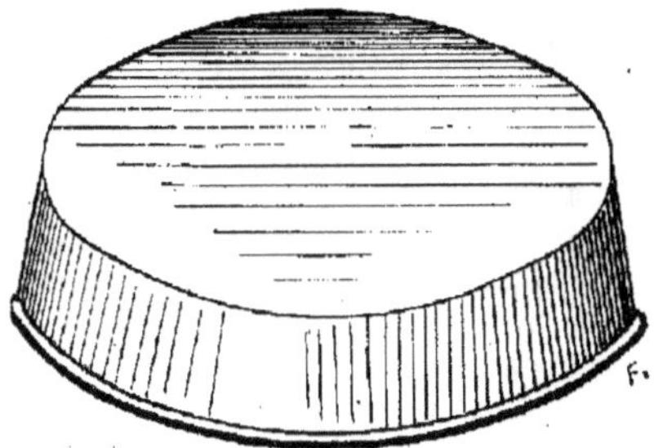

Fig. 1. — Moule à moka.

que, garnir un moule rond et plat (figure 1) d'environ 18 à 20 centimètres de diamètre intérieur.

Cuisez cette génoise pendant 25 à 30 minutes environ à four doux et démoulez-la, aussitôt cuite, sur une grille. Mettez la génoise à refroidir et, pendant ce temps, procédez à la préparation de la crème au beurre au café.

2° *Préparation de la crème au beurre.* — Dans le *Cours Élémentaire de Pâtisserie*, vous trouverez, pages 118 et 119, dans la recette de la « Bûche de Noël », vous trouverez, dis-je, la recette de la crème au beurre qui est la meilleure que je connaisse. Je vais néanmoins en retracer la préparation pour vous éviter des recherches toujours désagréables.

PROPORTIONS :

200 grammes de sucre en morceaux;
2 décilitres d'eau fraîche;
4 jaunes d'œufs très frais;
250 grammes de beurre fin;
1 cuillerée à soupe d'essence forte de café.

Procédé. — Dans un poêlon en cuivre rouge non étamé, déposez le sucre en morceaux et mouillez-le avec les 2 décilitres d'eau. Mettez le poêlon sur le feu, puis écrasez le sucre, lavez-le et, pendant qu'il cuit, mettez les 4 jaunes d'œufs très frais dans une terrine en porcelaine ou en grès verni.

Pour laver le sucre, on plonge la main dans un récipient contenant de l'eau fraîche et, avec les doigts mouillés, on passe sur les parois intérieures pour enlever l'écume et le sucre qui adhèrent toujours tout autour du poêlon. Le sucre étant bien lavé, couvrez le poêlon avec un couvercle de casserole en cuivre ou en fer-blanc. Il se lavera automatiquement par la vapeur qui s'en dégage à l'ébullition et ne trouvant pas d'issue, dissout les grains de sucre sur les parois du poêlon.

Il faut cuire le sucre au filet. On reconnaît que le sucre est cuit au filet lorsque, en en prenant une parcelle entre le pouce et l'index et en écartant ceux-ci doucement, il se forme un filet allant de l'un à l'autre doigt. Quand il en sera ainsi, tirez le poêlon hors du feu et fouettez les jaunes dans la terrine pour bien les concasser.

Versez alors le sucre petit à petit (goutte

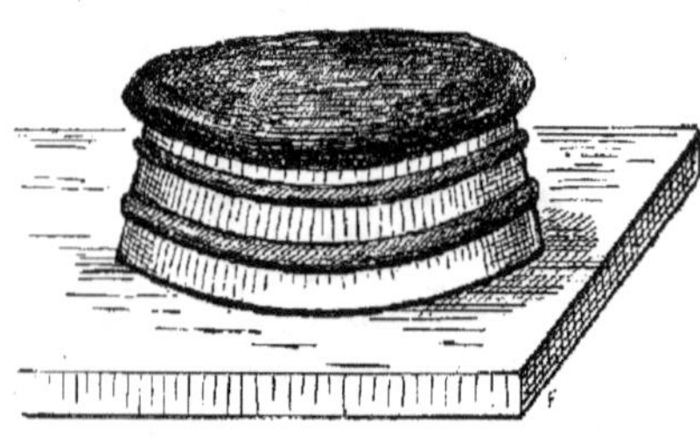

Fig 2.

à goutte pour commencer, puis en un mince filet) sur les jaunes d'œufs, sans cesser de fouetter ceux-ci énergiquement. Quand tout le sucre est ainsi versé sur les jaunes, il faut continuer à fouetter l'appareil absolument comme une génoise. En refroidissant, cet appareil épaissit et devient léger et mousseux, tout à fait comme une génoise ou un biscuit. Quand l'appareil ne sera plus que tiède, ce qui se reconnaît en y plongeant le doigt, mettez-y le beurre par petites parcelles et fouettez bien jusqu'à ce que vous obteniez une crème parfaitement liée. Ajoutez-y alors l'essence de café très forte que vous aurez préparée vous-même ou celle

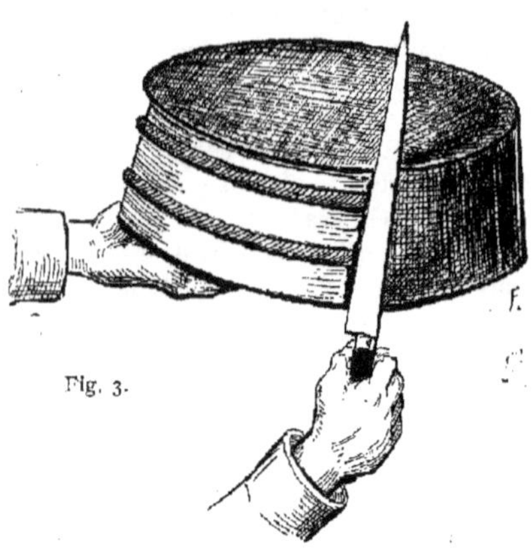

Fig. 3.

qu'on trouve dans le commerce en petits flacons et qui est très bonne pour cet usage. Si vous voulez la faire vous-même, c'est facile en procédant comme il a été dit plus plus haut au sujet de la confection de la génoise. Il faudra seulement doubler les proportions et opérer avec 100 grammes de café moulu. Je ne saurais trop vous recommander de n'employer que des cafés de tout premier choix qui, seuls, pourront avoir la finesse qui convient pour parfumer la crème d'un entremets. C'est pourquoi je préfère vous voir employer les essences du commerce qui sont faites avec des cafés de qualité supérieure qu'on se procurerait assez difficilement.

La force des essences variant suivant les marques, qui se valent toutes ou à peu près, il m'est assez difficile de vous donner une quantité rigoureusement exacte; c'est la couleur de la crème qui vous guidera mieux que tout et, en même temps, le goût de la crème.

3° *Confection du gâteau moka.* — Pendant que vous aurez préparé la crème, la génoise aura eu le temps de refroidir et il sera facile, sans perdre de temps, de terminer le gâteau moka.

Partagez cette génoise en trois abaisses, régulières d'épaisseur autant que possible. Garnissez l'abaisse inférieure d'une copieuse couche de crème et placez dessus la seconde abaisse de génoise.

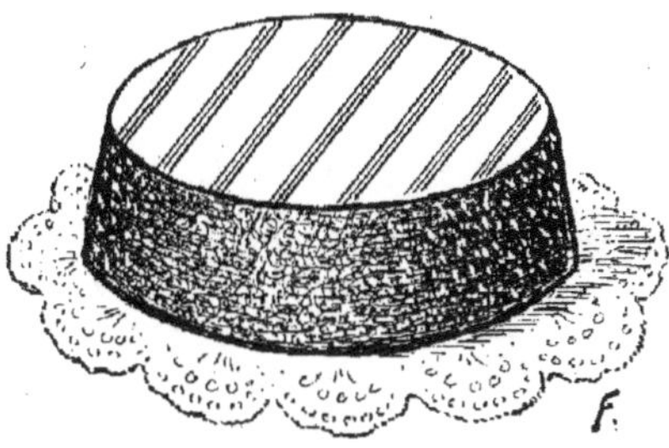

Fig. 4.

Garnissez cette seconde abaisse d'une même couche de crème et placez dessus la troisième abaisse. Il pourrait se faire que la crème ait raffermi et ne soit plus parfaitement lisse. Il suffira de mettre la terrine quelques instants à l'entrée du four ou sur le côté du fourneau et de donner un vigoureux coup de fouet pour qu'elle redevienne bien homogène et bien lisse. Il ne faut jamais employer une crème trop ferme et imparfaitement lissée, car le gâteau aurait mauvaise apparence.

Masquez alors complètement la génoise, le dessus et les côtés, avec la crème au beurre et opérez en sorte d'avoir une surface très lisse où on ne voit pas les coups de couteau. Pour ce faire, on opère de préférence avec un tranche-lard à lame flexible et un peu plus longue que l'entremets n'est large. Lissez d'abord bien le dessus en faisant dépasser la crème tout autour, comme le montre la figure 2.

En plaçant le gâteau sur la table et en passant la lame du couteau presque à plat, on lissera facilement le dessus, ce qui est le plus important.

Prenez alors le moka sur la main gauche et, avec le couteau, masquez les côtés de la génoise en rabattant la crème qui dépasse sur les côtés (fig. 3).

Quand la génoise aura été ainsi bien masquée sur les côtés, faites prendre sur la crème qui masque ces côtés du petit sucre en grains. Le sucre en grains est du sucre en pain ou en morceaux qu'on concasse au mortier et qu'on passe à la passoire puis au tamis pour bien enlever toute la poudre. Le sucre cristallisé ne saurait remplacer ce sucre en grains, car il est transparent et ne tranche pas suffisamment sur la crème.

Placez alors le gâteau sur une grille garnie d'une dentelle de papier et garnissez une petite poche munie d'une douille cannelée avec le reste de la crème au beurre pour décorer le dessus du gâteau.

Ce décor n'est pas indispensable, mais il fait très bien. La pratique est le meilleur moyen d'apprendre à faire un décor et il m'est assez difficile de vous donner des détails assurant un bon résultat pour cette opération qui exige un véritable tour de main qui ne saurait s'acquérir malgré des études aussi prolongées que possible sur n'importe quel livre.

Je vais donc vous enseigner un décor très simple que vous pourrez assez facilement obtenir sans trop de travail et d'insuccès.

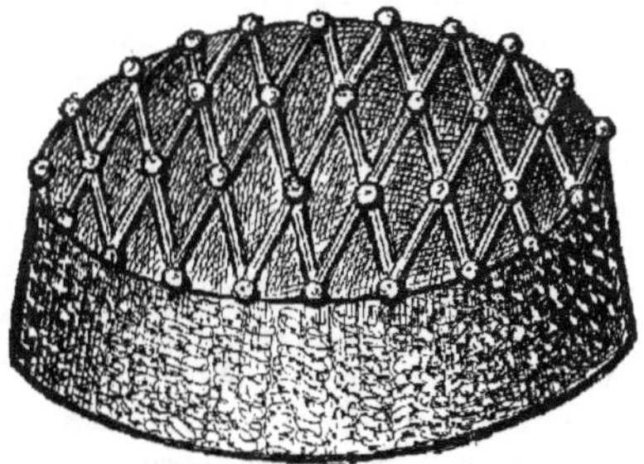

Fig. 5. — Gateau moka.

Exercez-vous tout simplement à tirer des traits droits à la douille. Quand vous réussirez un simple trait droit, apprenez-vous à faire des traits parallèles. C'est l'affaire d'un quart d'heure.

Quand vous y serez arrivées, faites sur

le dessus du gâteau une rangée de traits parallèles, comme le montre la figure 4. Faites alors une seconde rangée de traits parallèles croisant les premiers et formant des losanges. Il ne vous restera plus qu'à faire des petites rosaces à chaque endroit où se croisent les traits et le gâteau sera simplement, mais bien décoré (voir fig. 5).

Mettez l'entremets au frais et ne le servez que convenablement raffermi. On peut le faire la veille au soir pour le lendemain ou le matin pour le soir.

Le Saint-Martin (Gâteau à la Noix)

PROPORTIONS DES FONDS :

125 grammes de noix;
125 grammes de sucre en poudre;
6 jaunes d'œufs;
75 grammes de fécule;
3 blancs d'œufs montés;
1 pincée de sucre vanillé.

PROCÉDÉ. — Épluchez des noix fraîches et pelez-les entièrement; pesez 125 grammes de ces noix et mettez-les au mortier avec 125 grammes de sucre en poudre. Pilez-les finement jusqu'à ce que vous obteniez une pâte impalpable. Pour faciliter l'opération du pilage, vous pouvez ne prendre qu'une petite partie de pâte et la piler jusqu'à ce qu'elle soit très fine. Vous relevez alors cette pâte dans une terrine et vous en prenez une nouvelle quantité. Vous renouvelez ainsi cette opération jusqu'à ce que toute la pâte soit impalpable. Réunissez alors le tout dans une terrine et commencez à bien le travailler à la spatule pour que la pâte blanchisse. Quand elle commencera à blanchir, ajoutez un jaune d'œuf et travaillez absolument comme du biscuit. Quand la pâte aura raffermi, ajoutez un second jaune et travaillez-la à nouveau. Mettez ainsi les six jaunes d'œufs un par un en travaillant bien la pâte entre chacune de ces additions. Il ne faut jamais mettre plusieurs jaunes d'œufs d'un seul coup, car, en agissant ainsi, vous couperiez le corps de la pâte et vous auriez beaucoup de mal à la travailler pour qu'elle le reprenne. Il faut agir absolument comme dans la préparation du biscuit pour obtenir un bon résultat.

Dans une bassine en cuivre rouge non étamée, mettez les blancs d'œufs et battez-les au fouet, en neige très ferme. Il faut, pour bien alléger cet appareil, qui serait lourd et huileux, que les blancs d'œufs soient excessivement fermes, sans quoi mieux vaut ne pas les mélanger à la pâte.

Quand les blancs d'œufs seront bien montés, mélangez-en une petite partie à l'appareil à la noix et mélangez-y ensuite, mais toujours très légèrement, la fécule tamisée et séchée, si besoin est, à l'entrée du four. Terminez en mélangeant légèrement les blancs pour qu'ils ne retombent pas et que l'appareil reste ferme.

Beurrez et farinez des plaques, de la façon suivante ;

Après avoir consciencieusement nettoyé la plaque, on la fait chauffer au four pour éviter que le beurre ne refroidisse dessus. Une chaleur douce suffira donc. Quand la plaque sera tiède, on déposera dessus, avec un pinceau, un peu de beurre fondu, puis on l'étendra avec un tampon de papier bien propre; une couche épaisse n'est pas nécessaire, mais on devra veiller à ce que la plaque soit bien enduite partout, car autrement, les gâteaux ou petits fours posant aux endroits non beurrés ne se décolleraient pas et seraient perdus. Il faut aussi éviter de trop beurrer les plaques, car autrement la pâtisserie s'étalerait et n'aurait aucun cachet. C'est pourquoi on chauffe les plaques avant de les beurrer, pour éviter l'excès de beurre; en effet, on comprendra que, sur une plaque chaude, le beurre s'étale facilement au tampon de papier et qu'autrement, sur une plaque froide, il figerait instantanément.

Pour préparer une plaque beurrée et farinée, procéder tout à fait comme ci-dessus puis, aussitôt le beurre étalé, semer à la volée sur la plaque une poignée de farine. Suivant les cas, on farine entièrement ou à demi seulement les plaques. Dans le cas où on veut une plaque légèrement farinée il faut, une fois la plaque refroidie, la brosser légèrement avec une brosse douce à longs poils, dite brosse à farine. Si, au contraire, on veut une plaque entièrement farinée on n'a, une fois la plaque froide, qu'à frapper la plaque sur la table en la tenant droite pour faire tomber l'excès de farine qui n'adhère pas entièrement au beurre.

Il va sans dire que la préparation des tourtières beurrées et farinées est la même que celle des plaques.

Prenez un objet rond, bol, soucoupe ou autre, dont le diamètre sera de la grandeur du diamètre du gâteau, posez-le sur la plaque et passez tout autour la pointe d'un couteau pour tracer des cercles qui vous guideront pour dresser les fonds de l'entremets.

Éloignez suffisamment ces cercles l'un de l'autre pour que les fonds, s'ils s'étalent ou s'ils travaillent à la cuisson, ne puissent se toucher, ce qui les déformerait.

Il faut environ cinq à six fonds, suivant la grosseur du gâteau que vous voulez obtenir. En tous cas, ne les faites pas trop larges, car le gâteau se fait plutôt haut et étroit que large et bas.

Garnissez une poche d'une douille unie d'un demi-centimètre de diamètre et emplissez-la à moitié avec l'appareil en le travaillant le moins possible pour qu'il ne ramollisse pas.

Pour dresser les fonds, commencez au centre de chaque cercle en faisant un point et vous tournez tout autour en élargissant toujours jusqu'à ce que le dernier tour arrive sur le cercle tracé. Il faut faire cela sans pousser ni tirer sur la poche, en sorte que le fond ait juste un demi-centimètre d'épaisseur. Cela vous paraîtra difficile au premier abord, mais vous vous mettrez vite au courant et, sans aucun doute, vous arriverez vite à un bon résultat. Poudrez légèrement ces fonds au sucre glace mis dans la glacière (autrement dit boîte à poudrer) et cuisez-les à four doux en ayant soin de doubler les plaques pour que les fonds ne colorent pas trop en dessous. Il faut un four de chaleur très douce pour cette cuisson. Les fonds doivent être secs, sans être trop colorés. Décollez-les alors et laissez-les refroidir sur grilles après les avoir parés pour qu'ils soient parfaitement ronds et de même taille. Pendant qu'ils refroidissent, préparez une crème au beurre à la noix avec les proportions suivantes.

PROPORTIONS POUR LA CRÈME A LA NOIX :

125 grammes de sucre en morceaux;
1 décilitre 1/2 d'eau fraîche ;
1/4 de gousse de vanille;
3 jaunes d'œufs;
150 grammes de beurre d'Isigny;
75 — de noix fraîches décortiquées;
50 — de sucre glace.

PROCÉDÉ. — Mettez le sucre en pain dans un poêlon en cuivre rouge non étamé et mouillez-le avec l'eau fraîche. Laissez-le fondre quelques instants, puis mettez-le sur le feu et écrasez-le comme il faut avec une fourchette ou une spatule.

Quand commencera l'ébullition, lavez le tour du poêlon avec la main que vous trempez dans un récipient d'eau fraîche et écumez bien toutes les impuretés qui remontent à la surface du sucre.

Cuisez le sucre au filet, ce qui se reconnaît lorsque, en trempant l'index dans le sucre et en l'approchant du pouce, il se formera un mince filet de sucre entre ces deux doigts

LES POLKAS

I

VI

Comment se nt les Polkas

II

I. — Faites une pâte brisée avec 250 grammes de farine, 125 grammes de beurre, 50 grammes eau, 2 grammes 5 de sel, 10 grammes de sucre, 1 jaune d'œuf.

II. — Faites une abaisse de 3 millimètres d'épaisseur et taillez des fonds ronds avec un coupe-pâte uni de 8 centimètres environ de diamètre. Disposez-les sur plaque mouillée.

III. — Faites une pâte à choux avec 1/4 litre d'eau, 125 grammes de beurre, 125 grammes de farine, 1 grammes 5 de sel, 5 grammes de sucre et 4 œufs.

IV. — Mettez la pâte à choux dans la poche et dressez une bordure autour de chaque fond rond. Dorez cette bordure et cuisez 25 minutes à four doux.

V. — Faites une crème pâtissière avec 125 grammes de sucre, 25 grammes farine, 1/4 litre de lait, 4 jaunes d'œufs, 1/2 gousse de vanille.

VI. — Mettez cette crème dans une poche et garnissez les polkas en dôme une fois la crème un peu refroidie.

VII. — Poudrez les polkas de sucre glace et brûlez le dessus avec un fer rougi au feu pour donner une belle teinte caramel doré.

VIII. — Les polkas terminés.

VII

III

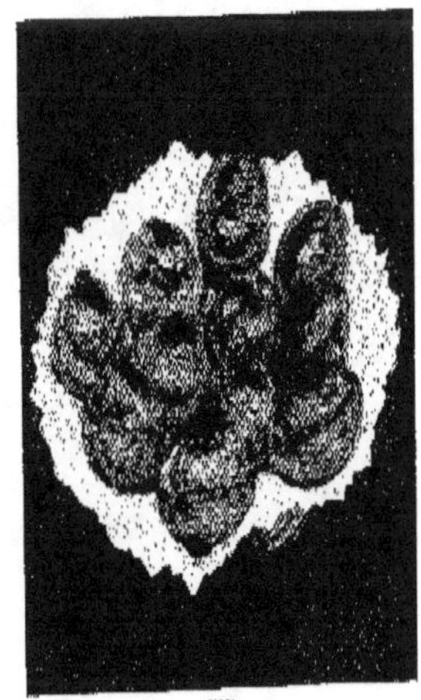

VIII

si vous les écartez doucement. Ce filet doit se maintenir jusqu'à 1 centimètre et demi ou 2 centimètres de longueur sans se casser.

Déposez les jaunes d'œufs très frais (il ne faut jamais employer d'œufs de conserve dans la préparation de la crème au beurre) dans une terrine et battez-les bien au fouet pour les concasser. Ceci fait, versez très doucement le sucre cuit sur les jaunes d'œufs, sans cesser de remuer vigoureusement ceux-ci au fouet pour qu'ils ne cuisent pas au contact du sucre bouillant et ne coagulent pas, ce qui serait inévitable. Versez ainsi tout le sucre et continuez à fouetter l'appareil jusqu'à ce qu'il soit devenu léger, épais, mousseux et blanchâtre. Il ne devra plus alors être que tiède. Enlevez le morceau de gousse de vanille qui était dans le sucre et ajoutez à la crème ainsi obtenue le beurre d'Isigny par petites parcelles. En continuant à fouetter, le beurre doit se mélanger à l'appareil, la chaleur de celui-ci devant suffire à l'amollir. Si toutefois l'appareil était refroidi complètement, il faudrait mettre la terrine un instant à l'entrée du four et continuer à fouetter jusqu'à ce que tout soit bien amalgamé. Épluchez alors des noix fraîches en ayant soin de bien enlever toutes les petites peaux, car celles-ci ne se pileraient pas et formeraient des morceaux dans la crème.

Pesez-en 75 grammes et pilez-les finement au mortier. Si vous voyez qu'elles aient une tendance à huiler, mettez-y petit à petit les 50 grammes de sucre glace et pilez à nouveau jusqu'à ce que le tout soit bien fin.

Relevez alors ce mélange dans une terrine et mélangez-y à la spatule une petite partie de crème au beurre que vous travaillez à la spatule jusqu'à ce que vous ayez obtenu un tout bien homogène; la crème sera prête.

Pour terminer le gâteau. — Étalez une couche de crème au beurre à la noix sur un des fonds ronds de l'entremets. Posez sur cette couche de crème un second fond que vous recouvrez à nouveau d'une nouvelle couche de crème. Montez ainsi l'entremets jusqu'à ce qu'il soit de grosseur convenable. Masquez alors le tour et le dessus de l'entremets avec le reste de crème à la noix et posez sur le dessus du gâteau et en les espaçant un peu et régulièrement pour former une sorte de rosace. Mettez alors le gâteau à raffermir sur la glace, si vous en disposez, ou dans un lieu frais, si vous n'avez pas de glace à votre disposition. Il faut que la crème soit complètement raffermie avant de songer à glacer l'entremets.

Prenez alors pour glacer le gâteau un peu de fondant blanc, qui se prépare de la façon ci-dessous :

Du fondant.

Tout le monde a déjà vu et mangé du fondant sous quelque forme que ce soit. C'est un corps onctueux presque exclusivement composé de sucre, comme vous le verrez plus loin. Il est très employé à la fois en pâtisserie et en confiserie. Tous les pâtissiers l'emploient au glaçage des éclairs, des choux, des profiterolles, des entremets et des petits fours glacés.

Les confiseurs l'emploient dans la préparation des bonbons fondants en le colorant et le parfumant de diverses manières; il se fait une énorme consommation de ces bonbons, surtout pendant la période des fêtes de Noël et du nouvel an. Il forme encore l'intérieur des bonbons de chocolat dits à la crème, qui depuis quelques années s'implantent de plus en plus et tendent même à supplanter les fondants qu'adoraient nos grand'-mères. Autres temps, autre mœurs et autres goûts : ceci remplace cela, mais le fondant a su se déguiser sous la robe brune du chocolat, jaloux de partager avec lui la faveur qui accueillait le nouveau venu.

Le fondant a remplacé, dans les laboratoires de confiserie et de pâtisserie, l'antique glace à l'eau, que n'utilisent plus guère que quelques rares survivants esclaves de la routine, ou quelques modernes praticiens pressés et n'ayant à faire que de rares glaçages. Exceptionnellement, et seulement quand ils manquent de fondant, nos modernes officiers de bouche ont encore recours à l'antique système.

La préparation du fondant paraît excessivement simple et demande cependant une grande attention, le travail du sucre étant un des plus méticuleux parmi les préparations alimentaires.

Il suffit, pour faire du fondant, de décuire du sucre en pain ou en morceaux, de le cuire à un certain degré, de le couler sur un marbre, de l'y laisser refroidir, puis de le travailler jusqu'à ce qu'il tourne et devienne blanc et dur, et c'est tout.

Mais ce qui tient ici dans une description de deux lignes, en nécessite de nombreuses autres en explications pour être réussi par des personnes que je considère remplies de bonne volonté, mais totalement ignorantes (pardonnez-moi l'expression) du sucre et de ses transformations subites et instantanées, qui surprennent et déconcertent même à la fois des professionnels peu exercés à ce genre de travail.

Plus que jamais, je vous demande de lire attentivement ce qui va suivre et de suivre à la lettre les nombreuses recommandations que je vais vous faire. Si j'insiste si particulièrement, c'est que j'aborde un sujet plutôt ingrat et que je suis jaloux du succès déjà remporté près de mes lectrices. Je ne voudrais pas qu'elles puissent échouer dans cette préparation, puisque j'ai osé entreprendre de leur expliquer. En retour de l'attention apportée à mes recommandations et seulement dans ce cas, je vous garantis le succès.

PROPORTIONS

500 grammes de sucre en morceaux.
2 décilitres ½ d'eau fraîche.
50 grammes de glucose.
Quelques gouttes de jus de citron.

PROCÉDÉ

Mettez le sucre dans un poêlon, soit du sucre scié à la mécanique ou du sucre en pain cassé en morceaux. Il est de toute nécessité que le poêlon soit excessivement propre et n'ait pas été nettoyé à l'acide. S'il l'avait été, il faudrait le rincer à plusieurs eaux et l'essuyer convenablement avant d'y mettre le sucre. Le meilleur moyen de nettoyer un poêlon, c'est encore de le frotter vigoureusement au sable fin, de le laver à l'eau chaude, puis de le rincer à l'eau fraîche. Ce moyen est moins expéditif que celui qui consiste à se servir d'acide ou de vinaigre, mais il ne présente aucun inconvénient.

Il ne faut pas mettre le sucre au feu aussitôt qu'il est mouillé, mieux vaut attendre qu'il fonde doucement. Observez bien aussi la quantité d'eau indiquée ci-dessus, *il faut juste un quart de litre d'eau*, c'est très important sans en avoir l'air. Si vous mouillez moins, le sucre fond mal et cuit beaucoup plus vite, ce qui fait qu'il peut rester des petites parcelles de sucre non fondues en suspension dans le sirop de sucre et, en travaillant celui-ci, la masse grainerait et serait inutilisable comme fondant.

Quand le sucre sera presque fondu, mettez le poêlon sur le feu et écrasez les quelques morceaux qui restent avec une spatule. Aussitôt que l'ébullition se produit, retirez le poêlon de sur le feu pour voir si tout est bien fondu. *En aucun cas, et pour la cause que j'expliquais plus haut, il ne faut laisser bouillir un sucre imparfaitement fondu.*

Remettez ensuite le sucre sur le feu et ajoutez-y aussitôt quelques gouttes de jus de citron. A défaut, on peut substituer une goutte d'acide acétique ou deux ou trois gouttes de vinaigre. Cette addition a pour but de faire rendre au sucre toutes les impuretés qu'il contient.

On voit celles-ci se réunir en une couronne grise sous forme d'écume tout autour du poêlon. On tire alors le poêlon de côté et on l'écume soigneusement avec une écumoire.

Il faut répéter cette opération tant qu'elle est nécessaire. On ajoute ensuite 50 grammes de glucose et on lave soigneusement les parois du poêlon.

C'est là encore une opération délicate et qui demande à être faite comme il faut. On lave le sucre avec les mains, on dit laver le sucre et c'est plutôt laver les parois du poêlon qu'il faudrait dire.

On plonge la main droite dans un vase rempli d'eau fraîche, puis, très vite, on la passe sur les parois intérieures du poêlon pour y faire fondre les gouttelettes de sucre qui sont projetées par l'ébullition. Ce lavage est très important car, s'il était mal fait, ces gouttelettes de sucre, sous l'influence de la chaleur, se cristalliseraient et se détacheraient des parois pour tomber dans le sucre où elles ne fondraient plus et feraient grainer la pâte quand on la travaillerait, pour qu'elle tourne.

Il y a encore ici une recommandation essentielle à faire (ne vous récriez pas, je vous prie, Mesdames, je vous ai prévenues que j'en aurai beaucoup à vous faire). Si vous cuisez le sucre sur un fourneau à gaz, veillez à ce que la flamme ne monte pas trop haut autour des parois, car celles-ci s'échaufferaient d'une façon excessive, et les gouttelettes de sucre qui y sont projetées par l'ébullition y caraméliseraient, ce qui donnerait une teinte brune au fondant. Pour la même raison, si vous cuisez le sucre sur un fourneau à charbon de terre ou de bois, évitez de retirer trop de rondelles sous le prétexte que le sucre ne cuit pas assez vite et de mettre le poêlon à même le feu, de crainte que la flamme ne s'élève au-dessus du niveau du sucre, car le résultat serait le même que précédemment.

Quand le poêlon est bien lavé et que le sucre est bien écumé, couvrez-le avec un ustensile très propre, couvercle de casserole, assiette ou autre.

Par ce moyen, le lavage des parois du poêlon se fera automatiquement par la vapeur qui se trouve enfermée dans le poêlon.

Il n'y a plus alors qu'à surveiller la cuisson. Le mouillage ayant été fait à point, cette cuisson devra durer environ 7 à 8 minutes au plus si le feu est assez vif. Il est très importnat de ne pas mouiller davantage, car la cuisson serait trop prolongée et le sucre serait jaune, ce qui est très vilain pour les glaçages.

On cuit le sucre au petit boulé pour le fondant. La cuisson du sucre se prend en trempant la main dans l'eau fraîche, puis en saisissant avec les doigts une partie du sucre en ébullition et en trempant aussitôt la main à nouveau dans l'eau fraîche. Au contact de la fraîcheur de l'eau, le sucre raffermit, on sort aussitôt la main de l'eau et on constate le degré de cuisson du sucre selon la consistance de celui qu'on a en main. Au commencement de la cuisson, on ne parvient pas à retenir le sucre entre les doigts, c'est simplement du sirop épais. Un peu après, on parvient à en retenir et ce sirop est très épais, on dit alors que le sucre est cuit *à la morve* (fi ! la vilaine expression !). Prolongeant la cuisson, le sucre devient plus ferme et on peut en faire une boulette, de peu de consistance il est vrai, qui s'aplatit entre les doigts, le sucre est cuit au *petit boulé*.

Quand cette boulette ne s'aplatit plus, le sucre est cuit *au boulé*. Quand il faut appuyer fort dessus pour que la boulette s'aplatisse, le sucre est au *gros boulé*. Quand le sucre casse entre les doigts mais qu'il colle aux dents quand on veut le croquer, le sucre est cuit au *petit cassé*. Quand, enfin, il ne colle plus aux dents quand on le croque, il est *au cassé*. Si on prolonge la cuisson, on voit le sucre devenir *ambré*, il est alors au *grand cassé*. Si on continuait la cuisson, il deviendrait doré, ce serait alors *le caramel*. Par une aberration commune à pas mal de professions, on dit souvent que les fruits glacés et les salamboo, etc., sont glacés *au caramel*, alors qu'ils sont simplement enrobés de sucre cuit *au cassé*. NE PAS CONFONDRE CES DEUX EXPRESSIONS.

Pour le fondant, il convient de cuire le sucre au petit boulé.

On range sur un marbre des règles en fer pour empêcher le sucre de couler en dehors du marbre, quand on le coulera dessus. Pour que celui-ci n'adhère pas, on asperge le marbre d'un peu d'eau fraîche au moment de verser le sucre dessus.

Aussitôt le sucre cuit au petit boulé, retirez le poêlon du feu et attendez pour verser le sucre que l'ébullition soit arrêtée. *Il ne faut jamais le verser en pleine ébullition.*

Le sucre étant versé sur le marbre, aspergez-le de quelques gouttelettes d'eau lancées avec la main, absolument comme si vous vouliez rafraîchir du linge trop sec avant le repassage. N'abusez pas de cette aspersion, car vous pourriez décuire le sucre au delà de ce qui convient. Laissez un peu refroidir le sucre avant de le travailler et surtout *ne le travaillez jamais à chaud, car le fondant serait grainé et n'aurait aucun corps.* En hiver et par petite quantité comme celle de

500 grammes de sucre qui nous occupe aujourd'hui, le sucre refroidit presque instantanément, aussi peut-on se passer des règles en fer et commencer à travailler le sucre une minute à peine après l'avoir versé.

On commence par enlever les règles en fer en décollant le sucre qui y adhère, puis on le ramasse en commençant par le tour et en ramenant tout le sucre au milieu en une boule. On continue ce mouvement, puis on allonge la boule de sucre pour en former une olive allongée. On travaille le sucre qui s'étale en le relevant de chaque côté et en ramenant ce sucre au milieu en alternant une fois de chaque côté. Au bout d'un moment, le sucre commence à blanchir puis, en continuant à le travailler sans interruption, il ramollit, ce qui permet d'accélérer le mouvement du couteau sur le fondant. Un peu après, le sucre raffermit. On gratte alors bien le couteau qui a servi à tourner le fondant avec un autre couteau et on gratte bien tout ce qui est autour de la masse principale.

On laisse ainsi reposer le fondant pendant un quart d'heure ou vingt minutes.

Le fondant ramollit alors et il suffit de le travailler sur le marbre avec la paume de la main pour obtenir une pâte onctueuse; le fondant est alors prêt pour l'emploi.

Le fondant se parfume avec la valeur d'un verre à liqueur de kirsch nature. Il ne doit pas être chaud, ni même tiède, en y mettant le doigt, on ne doit ressentir aucune sensation de chaleur ou de froid. Si le fondant était trop chaud, il ferait fondre le beurre de la crème et il se détacherait du gâteau, ce qui ferait qu'il ne serait pas glacé.

Pour glacer l'entremets, déposez-le sur une grille et versez dessus le contenu de la casserole. Soufflez vivement sur les moitiés de noix pour qu'elles paraissent bien sur le glaçage. Avec un couteau, faites en sorte que le fondant couvre bien toute la surface du gâteau en le dirigeant là où il ne coule pas.

Laissez égoutter ainsi pendant quelques minutes, un quart d'heure s'il le faut, et, lorsqu'il commencera à sécher, enlevez le gâteau en glissant un couteau dessous et déposez-le sur une grille garnie d'une dentelle.

Facultativement, on peut remplacer le fondant par une glace à l'eau qui se prépare en délayant avec de l'eau et du kirsch de la glace de sucre, autrement dit du sucre glace, jusqu'à ce que vous ayez un mélange de consistance convenable que vous chauffez légèrement comme du fondant. Il ne faut pas que ce glaçage soit trop épais, car les noix doivent paraître nettement sur l'entremets.

Ce même entremets se fait aussi au café; dans ce cas, on supprime un jaune d'œuf dans l'appareil des fonds et on le remplace par quelques gouttes d'essence de café très forte. On substitue aussi à la gousse de vanille de l'essence de café dans la préparation de la crème au beurre et on glace le gâteau au fondant ou à la glace café au lieu de kirsch.

Cet entremets doit se servir très froid et doit même se tenir à la glace, autant que ce sera possible, jusqu'au moment de servir.

LE FARFADET

I

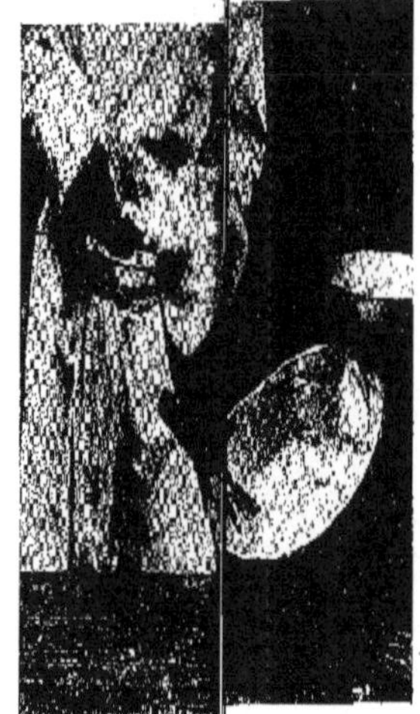

I

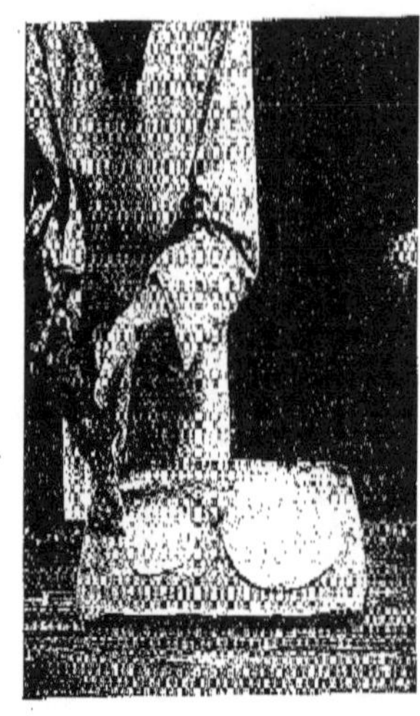

VI

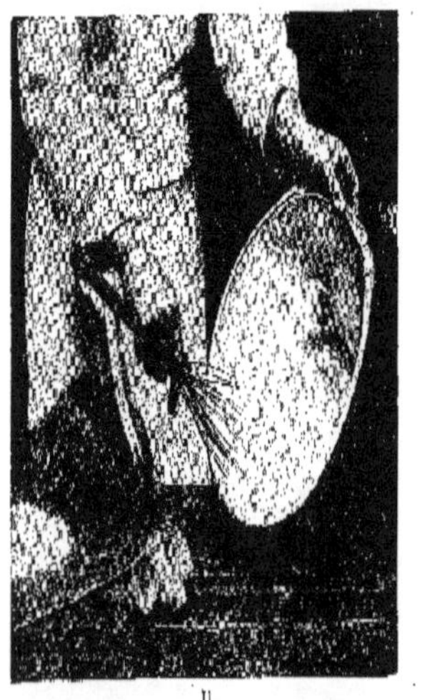

II

Comment se fa le Farfadet

I. — Pesez et tamisez sur un papier 100 grammes d'amandes en poudre et 125 grammes de sucre en poudre.

II. — Clarifiez 5 blancs d'œufs dans une bassine et battez-les en neige très ferme.

III. — Mélangez l'appareil (auquel vous ajoutez une pincée de sucre vanillé) avec les blancs d'œufs battus en neige.

IV. — Garnissez avec cet appareil une poche munie d'une douille unie de 5 à 7 millimètres de diamètre.

V. — Beurrez et farinez une plaque et tracez au moyen d'une assiette ou d'un autre ustensile rond, des ronds sur cette plaque.

VI. — Dressez avec la poche des fonds sur les ronds tracés, en commençant par le milieu et en élargissant la spirale jusqu'au trait tracé. Cuisez les fonds 15 minutes à four doux.

VII. — Décollez les fonds, laissez-les refroidir sur une grille et garnissez le fond du dessous avec de la crème au beurre au praliné mise dans une poche avec douille unie, superposez le second fond et poudrez avec du sucre vanillé.

VIII. — Le farfadet terminé.

VII

III

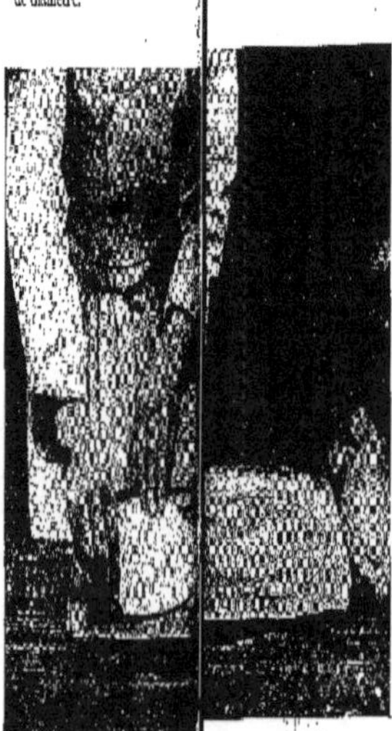

VIII

VINGT-DEUXIEME LEÇON

Le Farfadet

Ce gâteau est très fin, très connu et justement apprécié de tous ceux qui l'ont goûté.

La préparation en est très simple, mais il est une condition essentielle à sa réussite : *il faut que les blancs d'œufs qui entrent dans la composition des fonds en pâte d'amandes soint fouettés excessivement fermes.*

Si je fais cette recommandation avant même de donner les proportions et le mode de fabrication du farfadet, c'est que, fréquemment, j'ai dû répondre à des demandes de lectrices me faisant part de leurs échecs dans telle ou telle préparation et que, très souvent, leurs non réussites n'étaient dues qu'à l'insuffisance de fermeté des blancs d'œufs battus en neige.

Bien souvent, on ignore trop ce détail que les blancs d'œufs doivent être fermes à couper au couteau. Les meilleurs fouets automatiques à manivelle ne peuvent donner de bon résultat, car ils ne travaillent que le milieu de la masse, et tout ce qui reste en dehors du fouet graine immanquablement. Certaines personnes me disent aussi qu'elles battent les blancs d'œufs avec une fourchette et dans un saladier. Aussi expert soit-on, je dis qu'il est impossible, ainsi outillé, de battre des blancs d'œufs ayant le corps et la fermeté nécessaires pour la réussite de certains appareils très délicats.

Le meilleur matériel, à mon avis, consiste en une bassine en cuivre rouge non étamée et en un fouet en fil de fer, qu'il soit entièrement métallique ou avec un manche en bois. On arrive à la perfection avec un peu d'habitude, et les pâtissiers et confiseurs ne se servent d'aucune machine pour ce travail délicat tant qu'ils n'ont pas plus de 25 à 30 blancs d'œufs à fouetter. Alors seulement ils se servent de machines qui, bien que perfectionnées au possible, ne donnent pas le même rendement que le travail à la main. Si ce n'était par économie de temps, certainement aucun pâtissier n'utiliserait la machine à battre les blancs d'œufs qui, si elle donne de très bons résultats pour battre les pâtes légères de biscuit et de génoise, donne de moins bons résultats pour battre en neige les blancs d'œufs. Voici l'explication très détaillée de cette délicate opération :

Veiller tout d'abord à la propreté méticuleuse des bassine et fouet qui seront rincés à l'eau claire et convenablement égouttés, ce qui vaut mieux que de les essuyer avec un torchon, si propre soit-il. Il est de toute urgence aussi que les blancs d'œufs soient très propres et ne contiennent pas la plus petite parcelle de jaune, car, si, infime soit-elle, les blancs seraient gras et resteraient mous. Il s'en suit que l'appareil ne serait pas assez léger.

Les blancs d'œufs étant clarifiés très proprement et mis dans la bassine, on commence à les battre doucement, d'un mouvement bien rythmé et en les soulevant bien. Les blancs d'œufs commencent alors à mousser, mais ne sont pas encore blancs. Ils restent un peu liquides et la masse retombe bien au fond de la bassine où le fouet les englobe tous, ce qui est le principal.

Tant que les blancs ne commencent pas à raffermir, il n'y a aucune précaution spéciale à prendre pour bien les rassembler. Au contraire, quand les blancs raffermissent, le fouet, dans son mouvement, a tendance à les écarter sur les parois de la bassine et il ne les englobe plus tous. Il faut alors, de temps en temps, cesser le mouvement de rotation qu'on aura imprimé au fouet aussitôt que les blancs auront commencé à raffermir, et, avec le fouet, rassembler tous les blancs dans le fond de la bassine. On peut alors tenir la bassine droite, comme le montre la figure 1, sans danger que les blancs d'œufs coulent sur la table, puisqu'ils sont fermes. On tient la bassine de la main gauche et le fouet de la main droite et on imprime au fouet un mouvement de rotation aussi vif que possible. Quand on se sent fatigué, on change de main en tenant la bassine de la main droite et le fouet de la main gauche. Au commencement, la main gauche n'est pas aussi leste que la droite, mais au bout d'un instant elle s'y fait et, en opérant ainsi, on arrive à avoir des blancs très fermes. Il faut, pour que les blancs soient à point, qu'en retirant doucement le fouet il se forme au bout de celui-ci une aiguillette qui ne s'affaisse ni dans un sens ni dans l'autre. De plus, on doit pouvoir, avec un couteau, en donnant un coup sec, couper franchement cette aiguillette. C'est là un signe certain que les blancs ont été bien montés.

Gâteau Farfadet

PROPORTIONS POUR LES FONDS :

100 grammes d'amandes en poudre;
125 — de sucre en poudre;
5 blancs d'œufs battus en neige;
1 pincée de sucre vanillé.

PROCÉDÉ. — La préparation du farfadet se décompose en deux opérations principales :

1° La préparation des fonds; 2° la confection du gâteau.

Une troisième opération auxiliaire est la préparation de la crème au beurre, mais celle-ci est tout à fait accessoire, car la dernière leçon de ce cours en a détaillé tout au long la préparation.

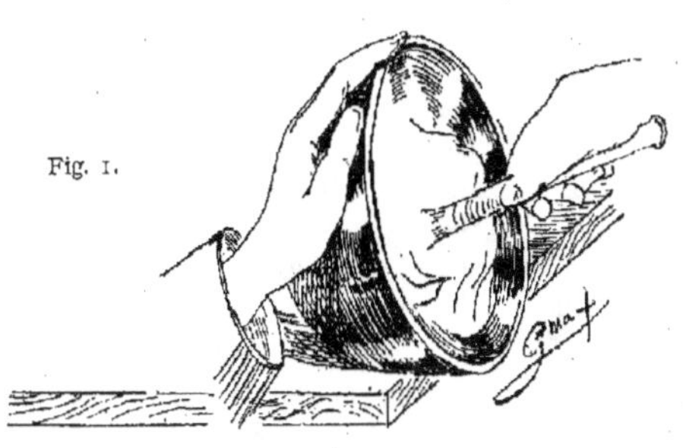

Fig. 1.

Pesez les amandes, le sucre en poudre et le sucre vanillé et tamisez-les tous ensemble sur un papier pour les mélanger bien intimement.

Battez les blancs d'œufs très fermes, quand ils le seront, mélangez bien légèrement à la spatule les amandes et le sucre avec les blancs d'œufs, juste assez pour les mélanger et pas trop pour ne pas faire retomber l'appareil qui, de ce fait, serait trop lourd.

L'appareil étant prêt, garnissez-en une poche munie d'une douille unie de 5 à 7 millimètres de diamètre. Il faut faire cela avec délicatesse pour ne pas ramollir l'appareil qui est très délicat et retomberait facilement. Vous aurez beurré et fariné une plaque en tôle ou plusieurs tourtières. Au moyen d'une assiette ou d'un ustensile rond, on trace sur la plaque ou sur les tourtières, avec la pointe d'un couteau, des ronds qui guident pour dresser les fonds.

On part alors du centre de chaque rond et on commence à faire un point, puis on fait un cercle autour de ce point, puis on tourne en spirale jusqu'à ce que le rond soit entièrement couvert d'une couche régulière d'appareil.

La quantité ci-dessus d'appareil est suffisante pour couvrir deux ronds d'environ 25 centimètres de diamètre. S'il vous reste encore un peu d'appareil, vous pouvez soit faire un tour supplémentaire autour de chaque rond ou faire un troisième rond s'il y a suffisamment d'appareil pour le faire.

Il faut alors cuire ces fonds. Il faut le faire à four très doux; si vous ne disposez que d'un four de cuisinière, il faudra couvrir le feu et laisser le four entr'ouvert. Il ne faut pas que les fonds colorent trop, ils doivent être simplement jaunes, dorés au plus.

Il faut compter environ 15 minutes de cuisson à four très doux. Quand les fonds commencent à colorer d'un côté, on les tourne pour qu'ils colorent également en tous sens. Il sera prudent aussi de doubler la plaque ou les tourtières au bout de 6 à 8 minutes de cuisson pour que les fonds ne brûlent pas en dessous. Au bout de 15 minutes, la cuisson devra être complète. On sort la plaque du four et, avec un couteau à lame mince et flexible, on décolle les fonds en passant la lame dessous, puis on les pare avec un contenu pour qu'ils soient bien ronds et d'égales dimensions. On les place alors sur une grille pour les laisser refroidir, ce qui demande 15 à 20 minutes. Pendant le temps que nécessite ce refroidissement, on procède à la préparation de la crème au beurre au praliné. La crème au beurre au praliné se prépare en mélangeant, à la crème au beurre à la vanille, des noisettes grillées ou des amandes également grillées pilées finement au mortier.

Pour la préparation de la crème au beurre à la vanille, je prie mes lectrices de se reporter à la dernière leçon, qui traite du gâteau moka. La dose de crème indiquée dans cette préparation serait trop forte pour l'entremets farfadet. La moitié suffit amplement pour garnir ce gâteau. Vous aurez donc à réduire toutes les proportions de moitié.

Pesez, en plus de ces proportions, 50 grammes de noisettes ou d'amandes et mettez-les à griller au four sur une tourtière. Quand elles seront bien blondes *jusqu'au milieu*, ce dont vous vous assurez en en cassant une, vous les mettez dans un torchon propre et vous les frottez bien pour détacher toutes les peaux qui s'en iront seules. Versez le contenu du torchon dans une passoire et vannez-le pour bien débarrasser les noisettes des peaux qui sont grillées.

Mettez alors les noisettes au mortier et pilez-les finement jusqu'à ce qu'elles tournent en huile et ne fassent plus qu'une pâte impalpable.

Relevez cette pâte et mélangez-la à la crème au beurre à la vanille. Il ne faut pas trop travailler la crème au beurre quand les noisettes pilées sont mélangées dedans, car cette addition allège toujours la crème, et en la travaillant on l'allégerait encore davantage. Il pourrait même se faire que la crème trop légère ne soit pas bien liée et ait l'air d'être tournée. Dans ce cas, il y a deux manières de procéder, car deux causes peuvent produire cet effet. Il pourrait se faire que la crème soit simplement trop froide, ce qui fait que le beurre se formerait en grains et désagrégerait la crème. Dans ce cas, on sent qu'elle est très ferme et il suffit de la chauffer légèrement soit à l'entrée du four ou sur le fourneau. On donne un coup de spatule ou un coup de fouet jusqu'à ce que la crème soit bien lissée.

Quand la crème est trop légère, ce qui se produit quand le sucre n'a pas été tout à fait assez cuit ou quand le beurre contenait de l'eau, il ne suffit pas de la chauffer pour la lisser. Si le beurre était raffermi, il faudrait tout de même chauffer un peu la crème et donner un coup de fouet dedans. Si elle ne se lisse pas alors, c'est qu'elle est trop légère et il faut y incorporer un peu de beurre.

Le meilleur moyen consiste à fondre à feu très doux une petite quantité de beurre (50 grammes au plus). Il doit être à peine tiède et, en aucun cas, ce beurre ne doit bouillir, car il communiquerait un mauvais goût de beurre cuit à la crème. Avec cette adjonction, la crème doit sûrement se lier, et si elle ne le faisait pas, c'est qu'il y aurait eu une malfaçon quelconque : sucre en trop grande quantité ou trop peu de beurre. On ne doit jamais faire un gâteau avec une crème qui ne serait pas bien lisse, car en le coupant il aurait un aspect granuleux qui ne serait pas très engageant. Comme je viens de le dire, c'est en chauffant la crème ou en lui ajoutant du beurre qu'on arrive à bien la lisser.

Certaines personnes ajoutent à la crème au beurre au praliné un peu de kirsch. Ce parfum est très agréable dans la crème, mais on peut se dispenser d'en mettre, car elle est très bonne sans cette addition. On peut, pour parfumer la crème, mettre moitié noisettes ou moitié amandes ou encore tout amandes, c'est une affaire de goût.

Les pâtissiers et les confiseurs procèdent même autrement, ils préparent du praliné et en mélangent une petite partie dans la crème au beurre. Cette manière de faire est préférable, à mon avis, mais l'autre est plus expéditive et convient mieux quand on n'a pas de praliné. Sa conservation étant assez longue, on pourra néanmoins faire un peu de praliné qu'on conservera dans un pot à confiture en le couvrant d'un papier.

PROPORTIONS :

50 grammes d'amandes;
50 — de noisettes;
100 — de sucre en poudre;
1 gousse de vanille.

PROCÉDÉ. — Mettez dans une bassine ou un poêlon en cuivre rouge non étamé le sucre, les noisettes, les amandes et la gousse de vanille. Placez-le sur un feu très doux et remuez doucement à la spatule. Au bout d'un moment, vous verrez le sucre s'attacher aux amandes et aux noisettes. Redoublez d'attention et remuez bien, car, sans quoi, le sucre attacherait au fond et deviendrait noir, ce qui donnerait un goût de caramel ou d'amertume au praliné. Il faut laisser le praliné sur le feu, sans cesser de le remuer, jusqu'à ce que le sucre soit complètement fondu et d'un beau roux. A ce moment, on retire la bassine, on la met sur le côté du fourneau et on coupe sur la spatule une amande ou une noisette pour voir si elles sont bien grillées au milieu. Si elles sont bien grillées, le praliné est prêt et il n'y a plus qu'à le débarrasser. Si les noisettes et amandes ne sont pas grillées au milieu, on continue à les remuer sur le feu doux jusqu'à ce qu'elles le soient bien.

On huile ensuite légèrement le marbre et on verse le praliné dessus, puis on l'étale aussitôt. Pour détacher les noisettes et les amandes qui adhèrent à la bassine, on prend une cuillère de cuisine en fer battu et on les détache alors que la bassine ou le poêlon est encore chaud.

Laissez ensuite refroidir le praliné sur le marbre. Quand il est froid, soulevez-le avec un couteau et pilez-le au mortier; quand il sera réduit en poudre, mettez-en une petite partie dans le mortier et pilez-le à nouveau jusqu'à ce qu'il se réduise en pâte impalpable.

Relevez-le et mettez-le dans un pot à confitures, puis prenez une nouvelle quantité de praliné en poudre et pilez-la à nouveau pour la mettre en pâte. Quand tout est pilé, on le relève dans le pot.

Si je dis de prendre le praliné par petites parties, c'est pour avoir moins de mal et pour avoir plus tôt fait. Il serait très dur de vouloir piler tout ensemble. Quand on veut parfumer la crème au beurre avec du praliné, il faut en prendre un peu et le mettre sur le marbre, puis y mélanger au couteau un peu de crème au beurre jusqu'à ce qu'il n'y ait plus de grains de praliné dedans. On met alors cette pâte dans la casserole et on la mélange bien au fouet. Il faut environ 50 grammes de praliné pour 125 grammes de beurre, mais si on aime bien ce parfum, on peut en mettre davantage sans inconvénient.

On peut aussi faire le praliné rien qu'avec des amandes ou des noisettes sans dommage, tout cela est une affaire de goût et on agit selon ses ressources aussi.

Le praliné a de multiples emplois et il n'y a qu'à le réserver au frais en le couvrant d'un papier.

2° *Confection du Farfadet.* — La crème au beurre au praliné étant prête et les fonds étant refroidis, on met la crème dans une poche munie d'une douille unie.

On pose le premier fonds sur la table dans le sens où il a cuit sur la plaque. La poche aura été munie d'une douille unie de 7 à 8 millimètres de diamètre. On commence par faire une bordure tout autour du fonds en poussant sur la poche pour faire sortir la crème exactement de la grosseur de la douille, mais sans presser à l'excès pour ne pas faire un cordon trop épais, on continue l'opération pour obtenir sur la surface du fond une couche régulière de crème. Quand toute la crème est ainsi disposée sur le fonds, on superpose sur celui-ci le second fonds, mais en le retournant, en sorte que la face qui a cuit sur la plaque soit sur le dessus du gâteau. Si on agit ainsi, c'est parce que cette face du fonds est beaucoup plus unie et fait mieux sur le dessus du gâteau.

Sans aucun inconvénient, on peut aussi faire trois fonds au lieu de deux et garnir le gâteau de deux couches de crème au lieu d'une seule. Le gâteau n'en sera pas plus mauvais, mais la caractéristique du farfadet est d'être plat et de ne se composer que de deux fonds garnis par une couche de crème.

Il se fait un grand assortiment d'entremets sur les mêmes principes.

Les fonds peuvent varier, on peut les faire avec des noisettes au lieu d'amandes, avec des amandes ou des noisettes grillées ou encore avec moitié amandes grillées et moitié noisettes grillées.

La forme, ainsi, peut varier et on peut faire les fonds ovales, carrés, rectangulaires, de toutes formes enfin, sans que le goût et la finesse du gâteau soient changés en aucune façon.

Dans nombre d'entremets du même genre, le dessus est glacé au fondant au lieu d'être simplement poudré à blanc au sucre glace. On peut aussi masquer le tour du gâteau avec la crème au beurre qui peut varier de parfum, puis avec des amandes grillées, hachées ou effilées.

Ce ne sont que variantes sans grande importance et tous ces entremets se rattachent au gâteau farfadet qui, selon les régions, prend le nom de « progrès » ou de « succès ».

VINGT-TROISIÈME LEÇON

Le Damier

Un des plus anciens entremets de pâtisserie est, sans contredit, le damier, et tous l'ont certainement déjà vu à la devanture des pâtisseries, surtout de celles de province où ce gâteau est resté fort en honneur.

Sa composition est des plus simples : c'est une génoise ordinaire de forme carrée, fourrée de crème au beurre au chocolat et masquée de même sur les côtés. Le dessus est abricoté puis partagé en carrés réguliers au moyen d'un cornet de glace royale. Ces carrés sont ensuite remplis, alternativement, avec du fondant blanc et du fondant chocolat pour former le damier.

J'ai déjà donné la manière très détaillée de faire la génoise, je n'y reviendrai donc pas et me contenterai de vous donner quelques recommandations essentielles.

Il y a souvent des malfaçons dans cette préparation; ces accidents arrivant à des professionnels, j'estime que les amateurs ont besoin d'être mis en garde contre ce qui peut survenir pour avoir quelques chances de réussite dans les essais qu'ils tenteront.

1° *Il ne faut pas trop chauffer la génoise en la battant.* — A aucun moment, la génoise qu'on bat au chaud ne doit être très chaude. En y mettant le doigt, dès qu'on sent qu'elle est tiède, il faut se mettre de côté, hors de la chaleur, pour finir de la battre, jusqu'à ce qu'elle soit devenue légère, mousseuse et blanchâtre.

Si on chauffe trop la génoise, il arrive que celle-ci mousse et devient excessivement légère avant d'être blanchie. Quand on mélange la farine puis le beurre fondu, elle retombe, et on a une génoise sans corps qui, au lieu de lever à la cuisson, reste stationnaire. Dans ce cas, il y a des grands yeux dedans et elle est très sèche.

Il arrive aussi qu'elle retombe complètement en mélangeant le beurre et, alors, elle est excessivement lourde, sans yeux, et forme un mastic immangeable.

2° *Ne jamais mettre la bassine à même sur un feu vif quand on bat la génoise.* — On doit se mettre sur le côté d'un fourneau couvert ou sur une plaque à rôtir ronde, une casserole ou une sauteuse à moitié remplie d'eau bouillante. En mettant la bassine à même, soit sur un feu vif ou sur un réchaud à gaz, on s'expose à ce que le mélange d'œufs et de sucre attache au fond de la bassine et donne un goût de brûlé à la génoise, ce qui la rend très mauvaise et inemployable.

3° *Il faut avoir soin de tamiser sa farine*

avant de la mélanger à la génoise. Il faut même la faire sécher à l'entrée du four si elle est humide. — En ne faisant pas sécher ou en ne tamisant pas sa farine, on s'expose à ce que celle-ci forme des grumeaux dans la génoise. Cette malfaçon présente un double inconvénient. En partageant la génoise en plusieurs abaisses, on trouve les grumeaux de farine qui sont du plus mauvais effet. On peut les enlever sans inconvénient, mais il s'en trouve d'autres, que les convives trouvent sous la dent et qui n'ont, certes, rien d'agréable ni de bien décoratif.

Mais ce n'est pas tout. Cette farine, qui est restée formée en grumeaux, ne se trouve pas intégralement mélangée à la génoise et elle y manque, ce qui donne une génoise trop légère et moins fine qu'une autre.

La farine peut aussi se former en grumeaux quand on la mélange à une génoise qui, trop chauffée, est restée mousseuse et liquide.

4° *Le beurre ne doit être ni trop chaud ni trop froid, car, en le mélangeant à la génoise, il peut la faire retomber.* — Faites donc fondre le beurre tout doucement, sur le côté du fourneau, et évitez de mélanger à la génoise du beurre bouillant ou froid, ce qui est aussi mauvais pour la réussite.

5° *Mélangez toujours très légèrement la farine et le beurre dans la génoise et ne commencez jamais à mélanger le beurre avant que la farine ne le soit complètement.* — Le mélange est capital dans la réussite de la génoise. Celle-ci a beau être bien montée et bien battue, à bonne température, si le mélange est mal fait, on l'alourdit.

Il est préférable de prendre, pour mélanger la farine et le beurre dans la génoise, une écumoire qu'une spatule. L'écumoire soulève mieux l'appareil que la spatule parce qu'elle est plus large et, par suite, on se rend mieux compte si la farine est bien mélangée. Quand celle-ci semble bien amalgamée, ce dont on s'assure en passant bien l'écumoire au fond de la bassine et en la ramenant ensuite à la surface, il est de toute utilité de détacher avec la corne la génoise qui adhère à l'écumoire, car il n'est pas rare d'y voir de la farine qui ne s'est pas mélangée. Ceci étant fait, on procède au mélange du beurre. Celui-ci, ni trop chaud, ni trop froid, doit être mélangé petit à petit; pour cela, on le verse en un mince filet qu'on fait tomber bien au milieu de la bassine.

Fig. 1. — Comment on mélange la génoise.

Il est plus commode d'être deux pour cette opération. Si, cependant, on doit la faire seul, on cale la bassine sur un ustensile rond : cercle à flan, moule à génoise ou casserole, et on verse le beurre de la main gauche en le mélangeant avec l'écumoire de la main droite.

Quand on est deux, la première personne verse le beurre bien au milieu de la bassine et la seconde, tenant la bassine de la main gauche et l'écumoire de la main droite, mélange le beurre en passant bien, chaque fois, l'écumoire au fond de la bassine et en la ramenant à la surface. De plus, avec la main gauche, elle fait tourner la bassine d'un huitième de tour à chaque remontée de l'écumoire. C'est ainsi qu'il faut procéder pour bien mélanger la génoise.

***

La figure 1 montre comment on mélange le beurre dans la génoise. De même, quand on mélange la farine, il vaut mieux être deux. La première personne fait tomber la farine en pluie au milieu de la bassine et la seconde mélange doucement à l'écumoire en passant celle-ci au fond et en la ramenant à la surface,

LE DAMIER

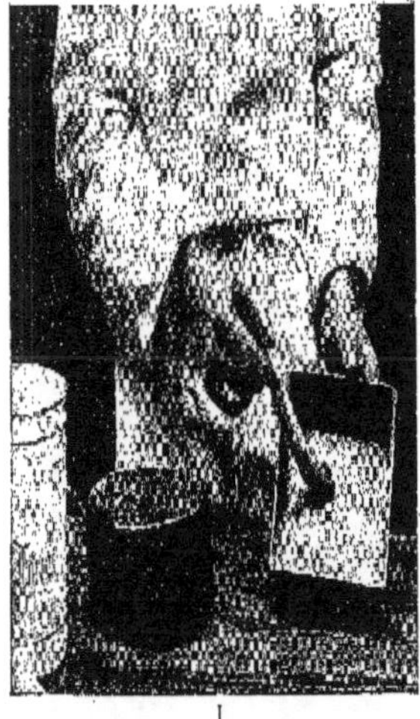

I.

VI

II

Comment se  le Damier

I. — Beurrez et farinez un moule carré à génoise.

II. — Faites 125 grammes de génoise avec 125 grammes de sucre, 4 œufs, 100 grammes de farine et 100 grammes de beurre fin fondu. Garnissez le moule aux 3/4 et cuisez-le de 25 à 30 minutes à four doux.

III. — Une fois la génoise cuite et refroidie sur grille, partagez-la en 3 abaisses.

IV. — Garnissez ces trois abaisses de deux bonnes couches de crème au beurre chocolat et masquez également le tour de l'entremets, d'abord avec la crème au beurre puis avec des amandes hachées ou effilées et grillées.

. — Préparez un blanc de glace royale en travaillant à la spatule un blanc d'œuf avec 150 grammes de glace de sucre et quelques gouttes de jus de citron.

I. — Avec cette glace mise dans un cornet de papier, tracez des carrés très réguliers sur le dessus de l'entremets après l'avoir légèrement abricoté.

II. — Mettez du fondant blanc dans un cornet et garnissez les carrés en laissant un carré vide entre deux pleins et un carré vide sous un carré garni de fondant. Garnissez ensuite les carrés vides avec du fondant chocolat mis dans un cornet de papier.

III. — Le damier terminé. On a fait tout autour une bordure de crème au beurre chocolat poussée à la douille cannelée.

VII

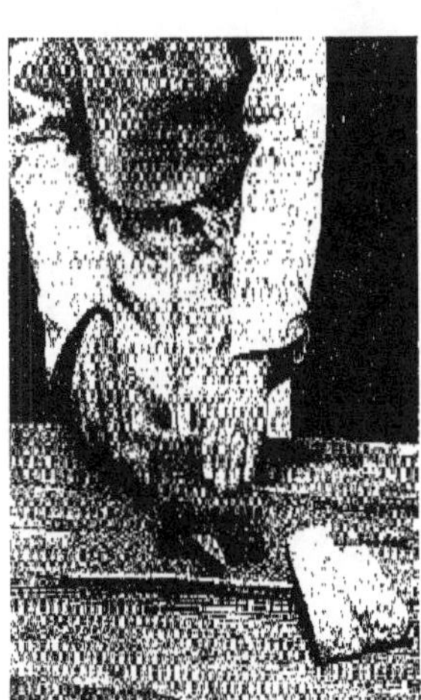

III

VIII

en faisant décrire de la main gauche et au même moment un huitième de tour.

Le meilleur moyen pour faire tomber la farine en pluie consiste à la placer dans une feuille de papier pliée en deux. Comme le montre la figure 2, on la tient en haut de la main gauche et en bas et en arrière de la main droite. En secouant un peu la feuille de la main droite, la farine tombe en pluie aussi doucement qu'on le veut.

Suivez bien toutes ces prescriptions, et il est à peu près sûr que vous réussirez. Je dis à peu près sûr, car qui peut se vanter de donner de si bonnes indications qu'en les suivant à la lettre on aboutisse, à coup sûr, au succès! Il faut toujours compter avec l'imprévu et, en matière de pâtisserie ou de cuisine, l'imprévu se rencontre par trop souvent.

Un dernier conseil: ne laissez jamais séjourner la génoise dans une bassine en cuivre rouge non étamée quand le beurre est mélangé, car il se formerait très vite du vert de gris qui pourrait sinon occasionner la mort, du moins donner de violentes coliques et des vomissements.

Recette du damier

PROPORTIONS POUR LA GÉNOISE :

125 grammes de sucre en poudre;
4 œufs entiers bien frais;
100 grammes de farine séchée et tamisée;
100 — de beurre fin fondu;
1 pincée de sucre vanillé, ou encore deux cuillérées en bouche de cacao en poudre ou de chocolat râpé finement.

PROCÉDÉ. — Mettez le sucre et le sucre vanillé dans la bassine, cassez-y les œufs et battez le mélange au fouet sur le côté du fourneau ou sur une sauteuse ou un plat à rôtir rond contenant de l'eau chaude.

Quand le mélange sera devenu léger, mousseux et blanchâtre, mélangez légèrement la farine puis le beurre fondu. Si vous y mettez du cacao ou du chocolat rapé, mélangez-le à la farine.

Beurrez et farinez un moule carré de forme basse, comme le montre la photo nº 1 (Voir série des 88 photos explicatives.). Garnissez ce moule aux trois quarts avec la génoise et cuisez-le 25 à 30 minutes à feu doux.

Démoulez la génoise sur une grille pour la faire refroidir et, pendant ce temps, préparez 125 grammes de crème au beurre avec du beurre d'Isigny très fin et très frais surtout.

J'ai déjà, dans de précédentes leçons de ce cours, donné le mode de préparation de la crème au beurre, aussi je ne le répèterai que d'une façon succincte.

Mettez le beurre à ramollir dans un endroit tiède, chauffe-assiettes ou étuve de fourneau. Cuisez 100 grammes de sucre au filet en le mouillant avec 1 décilitre d'eau fraîche. Versez-le doucement sur 4 jaunes d'œufs en remuant vivement au fouet. Battez alors ce mélange comme de la génoise, mais non au chaud, jusqu'à ce qu'il soit devenu léger, mousseux, blanchâtre et presque froid. Mélangez cet appareil avec le beurre réduit en pommade et lissez-le bien au fouet. Mélangez à cette crème environ 30 grammes de cacao préalablement fondu au bain-marie et une pincée de sucre vanillé ou une goutte de vanille liquide. Réservez cette crème en un endroit doux pour qu'elle ne raffermisse pas.

Pendant ce temps, la génoise sera refroidie, fendez-la donc en 3 abaisses.

Garnissez la première abaisse avec une bonne couche de crème chocolat et recouvrez avec la seconde abaisse. Recouvrez celle-ci d'une nouvelle couche de crème sur laquelle vous posez la troisième abaisse. Masquez ensuite le tour de l'entremets avec la même crème en vous servant d'une palette ou d'un couteau.

Abricotez alors le dessus de la génoise pour que le glaçage soit bien brillant. Vous savez déjà qu'il faut que la marmelade d'abricots soit assez réduite pour ne pas s'imbiber entièrement dans la génoise. Laissez celle-ci sur la grille et préparez un blanc de glace royale.

Pour préparer un blanc de glace royale, on commence à clarifier un œuf et par mettre le blanc, très propre, dans une petite terrine ou un bol. Il ne faut aucune parcelle de jaune d'œuf dans le blanc pour avoir une glace royale très légère. La glace royale se fait avec du sucre glace impalpable qu'on passe au tamis de soie dit de Venise.

Il faut environ 150 grammes de glace de sucre pour un blanc d'œuf de grosseur moyenne. On commence par mettre dans la terrine la moitié de la glace de sucre, pas

Fig. 2. — Comment on tient la farine dans le papier.

davantage, et on travaille bien le tout à la spatule. Petit à petit, on ajoute une pincée de glace de sucre et on travaille à nouveau. On mélange quelques gouttes de jus de citron quand la glace commence à prendre consistance, puis on la travaille à nouveau. Quand elle est bien ferme, elle doit se tenir droite quand on forme une petite aiguillette.

A ce moment, on en garnit un cornet de papier *parcheminé* pour que l'humidité ne le ramollisse pas et ne le fasse pas crever sous la pression des doigts.

Il faut couvrir le bol et la terrine de glace royale avec un linge humide pour qu'elle ne croûte pas sur le dessus. On commence alors par tirer des traits droits encadrant bien la génoise abricotée. On tire ensuite, dans un sens, des traits, qui partagent la génoise en parties bien régulières; pour cela il est indispensable que ces traits soient très régulièrement espacés. On fait ensuite une seconde série de traits dans l'autre sens pour qu'ils coupent les premiers à angle droit et forment des carrés bien réguliers.

Il est donc indispensable, pour que l'entremets ait un joli coup d'œil, il est indispensable, dis-je, que la génoise soit parfaitement carrée et les traits très régulièrement espacés pour que les petits carrés soient bien réguliers et ne soient surtout pas rectangulaires, car le gâteau ne serait pas joli et. surtout, ne ressemblerait pas à un damier,

Certainement, les premières fois, vous aurez quelque difficulté pour arriver à ce résultat, mais ne vous découragez pas; enlevez, avec la lame d'un couteau, ce qui est mal fait et recommencez à nouveau jusqu'à ce que vous ayiez obtenu un résultat satisfaisant.

La photo nº 6 vous montre comment on fait ce quadrillage au cornet avec la glace de sucre.

Ceci étant fait, chauffez dans une casserole un peu de fondant blanc parfumé au kirsch, ramollissez-le avec un peu de sirop ou d'eau et garnissez-en un cornet. Fermez bien ce cornet par le haut en le repliant sur lui-même, coupez la pointe du cornet avec les ciseaux et remplissez les carrés en les alternant, un blanc et un chocolat.

La première rangée étant ainsi remplie, passez à la seconde en ayant soin de mettre sous un carré blanc un carré chocolat et réciproquement. Faites ainsi de suite jusqu'à la dernière rangée, et le glaçage sera terminé. Si, par inadvertance, vous vous trompiez, enlevez sans hésitation le mauvais glaçage avec la pointe d'un petit couteau, retracez les carrés à la glace royale et remplissez-les à nouveau. Il ne faut pas continuer si vous voyez que vous vous êtes trompé, car le gâteau ne serait pas joli; enlevez-le sans hésiter, c'est préférable.

Ceci fait, il faut masquer le tour de l'entremets avec des amandes hachées ou effilées et grillées. Posez alors l'entremets sur une assiette garnie d'un papier dentelle. S'il vous reste de la crème au beurre au chocolat, garnissez-en une poche munie d'une petite douille cannelée à décor et faites une bordure autour de l'entremets. S'il ne vous reste pas de crème au beurre, vous pouvez faire cette bordure avec le reste de glace royale· l'effet sera aussi satisfaisant.

J'ai omis de dire plus haut que pour garnir les carrés de fondant, on commençait par remplir tous ceux qui doivent l'être en blanc. On met ensuite un peu de cacao en tablettes préalablement fondu ou coupé en petites miettes et on le chauffe légèrement; le cacao fondra et le fondant sera à la fois coloré et parfumé au chocolat. On le met à nouveau dans un cornet et on remplit les carrés restant vides.

La photo n° 8 montre le damier terminé.

LE CACAOIER

I

VI

Comment se f le Cacaoïer

I. — On beurre grassement et on farine légèrement un moule rond et plat à génoise.

II. — On prépare un quart de génoise avec 125 grammes de sucre, 4 œufs, 100 grammes de farine et 100 grammes de beurre fin fondu.

III. — Après la cuisson, on démoule la génoise sur une grille et on la laisse refroidir.

IV. — On prépare la crème au beurre. Ici, on verse le sucre cuit en filet sur les jaunes d'œufs.

V. — On creuse la génoise pour en garnir l'intérieur avec de la crème au beurre au chocolat.

VI. — On masque la génoise avec de la crème au beurre au chocolat après avoir garni l'intérieur de la même crème.

VII. — On entoure le cacaoïer avec du cacao en feuilles en commençant par le bas, puis en garnissant le milieu de feuilles de cacao pour cacher entièrement l'entremets.

VIII. — Le cacaoïer terminé.

II

VII

III

VIII

VINGT-QUATRIEME LEÇON

Le Cacaoïer

COMMENT SE FAIT LE CACAOIER, ENCORE DIT KARUPANO. — C'est un entremets peu ordinaire que celui que j'entreprends de décrire dans cette leçon. C'est certainement un des plus bizarres qu'on fasse et son aspect original ne peut manquer de le faire remarquer entre tous. Son bon goût et sa finesse achèvent de conquérir les gourmets et en font un entremets en vogue réunissant les qualités très appréciables qui font rechercher et préférer un gâteau de préférence à un autre.

On peut décomposer la fabrication du cacaoïer en trois opérations principales :

1° La confection de la génoise;
2° La préparation de la crème au beurre;
3° Masquer l'entremets et le finir.

Je ne reviendrai pas sur les explications nécessaires à la réussite dans la confection de la génoise, car je me suis grandement expliqué sur cette opération dans la dernière leçon de ce cours, et je vous prie de vouloir bien vous reporter aux explications que j'y ai données et aux recommandations qui y sont faites.

Les trois premières photographies montrent les diverses phases de cette opération.

Pour la confection de la crème au beurre, voici quelques explications et quelques recommandations indispensables pour assurer le succès de cette préparation.

PROPORTIONS POUR LA CRÈME AU BEURRE :

100 grammes de sucre en morceaux;
1 décilitre d'eau fraîche;
1/2 gousse de vanille;
4 jaunes d'œufs;
125 grammes de beurre fin;
30 à 40 — de cacao fondu.

PROCÉDÉ. — Mettez le sucre en morceaux dans un poêlon en cuivre rouge non étamé et mouillez-le avec le décilitre d'eau fraîche. Il faut de préférence prendre un poêlon de cuivre rouge non étamé à tout autre récipient, car les autres métaux, aluminium ou fer battu, étamé ou émaillé, offrent le grand inconvénient de colorer le sucre qui cuit dedans. Certaines personnes hésitent à employer ces ustensiles en cuivre, elles redoutent toujours un empoisonnement facile. Je ne saurais trop insister sur ce point qu'il n'y a aucun danger ni aucun inconvénient à redouter, et que tous les confiseurs utilisent ces ustensiles journellement et même plusieurs fois par jour sans jamais avoir eu à s'en plaindre. Il pourrait y avoir danger (et encore pas un danger mortel) à mélanger la crème au beurre dans cet ustensile et à l'y laisser séjourner longtemps ou à l'y laisser même simplement refroidir, car les matières grasses contenues dans le beurre formeraient, au contact du cuivre, du vert-de-gris ou de l'oxyde de cuivre qui pourrait causer des désordres assez graves aux consommateurs qui dégusteraient une crème préparée dans ces conditions.

Le poêlon de cuivre doit toujours être d'une très grande propreté et on doit, avant de s'en servir, le nettoyer au sable fin pour enlever toutes les taches et le rincer plusieurs fois à l'eau fraîche. Quand il y a un certain temps qu'on ne s'est pas servi des ustensiles en cuivre rouge non étamé, il arrive que ceux-ci sont noirs et un récurage au sable est toujours assez long, aussi existe-t-il un moyen plus rapide. On met une demi-poignée de sel dans le poêlon et quelques gouttes de vinaigre, on frotte à la main les parois du poêlon avec ce mélange et on rince à grande eau claire. On a ainsi un poêlon très propre en quelques secondes, et ce, sans aucun mal.

Pour que le sucre ne colore pas en cuisant, il y a encore une autre précaution à prendre. Il ne faut pas que les parois du poêlon non baignées par le sucre soient exposées à la flamme du foyer, car les gouttelettes qui sont projetées sur ces parois par le fait de l'ébullition caramélisent et teintent le sucre en fondant.

Si donc on se sert d'un fourneau à gaz, on aura soin de modérer la flamme en sorte qu'elle ne monte pas trop haut autour du poêlon; si on place le poêlon sur un fourneau à charbon, on le mettra sur une rondelle suffisamment petite pour que le fond seul soit exposé à la flamme. C'est à ces petits riens qu'on doit d'avoir un sucre bien blanc, à condition toutefois que le feu soit assez vif pour que la cuisson ne traîne pas.

Pendant que le sucre cuit et une fois qu'on l'aura bien lavé, on clarifiera les œufs, choisis très frais, et on déposera les jaunes dans une terrine en porcelaine blanche. On les battra ensuite vigoureusement au fouet et, quand le sucre sera cuit au filet, on le versera sur les jaunes d'œufs en remuant vivement ceux-ci au fouet. Il faut éviter de le verser trop vite, car la grande chaleur du sucre aurait pour effet immédiat de coaguler les jaunes, ce qui donnerait un appareil et, par suite, une crème au beurre grainée et du plus vilain effet.

Tout le sucre étant versé sur les jaunes d'œufs, on battra le mélange au fouet comme une génoise jusqu'à ce qu'il soit complètement refroidi.

Le beurre aura été mis dans un endroit tiède pour qu'il ramollisse, sans fondre cependant, et, par un coup de fouet, on le réduira en pommade à laquelle on incorporera petit à petit l'appareil aux jaunes en fouettant pour bien lisser la crème. La quantité de beurre correspond à celle d'appareil et, si on avait quelque difficulté à lisser la crème, il faudrait la chauffer légèrement et la fouetter à nouveau. Il pourrait se faire cependant que cette crème soit trop légère et qu'on ne puisse la lisser qu'en la chauffant exagérément, ce qui la donnerait de consistance trop molle. Dans ce cas, c'est (si toutes les proportions étaient bien respectées) parce que le sucre était insuffisamment cuit, ce qui donne un appareil trop léger. Pour remédier à cet inconvénient, on réduirait en pommade 45 à 50 grammes de beurre et on l'incorporerait à la crème qui, cette fois, devra bien se lisser. Je ne cite que cette manière de faire la crème au beurre parce que, à mon avis, c'est la meilleure, mais mes lectrices peuvent, à leur choix, choisir tous autre procédés qui ont, du reste, été décrits par moi dans de précédentes leçons à titre d'indication.

Le cacao *en tablettes* aura été mis à fondre au bain-marie, à l'eau modérément chaude ou dans un endroit doux tel qu'une étuve ou un chauffe-assiettes; on peut aussi le faire fondre à l'entrée du four ouvert, mais en surveillant de très près la fonte qui a lieu très vite. Si le cacao restait trop longtemps au four, il grainerait et prendrait un goût d'amertume aussi prononcé que désagréable.

J'ai spécifié plus haut du cacao *en tablettes*, car j'ai eu à répondre plusieurs fois à des personnes me faisant part du mauvais résultat qu'elles avaient obtenu dans la préparation de la crème au beurre au chocolat en employant du *cacao en poudre*. Celui-ci peut être employé pour parfumer une crème pâtissière chaude ou un fondant *tiède;* la chaleur, si légère soit-elle, est suffisante pour le faire fondre, mais pour la crème au beurre, c'est une autre affaire. Si on voulait chauffer la crème au beurre suffisamment pour que le cacao en poudre fonde et se mélange intimement à la crème, celle-ci serait fondue et complètement liquide, ce qui serait du plus mauvais effet et communiquerait à celle-ci un goût de beurre fondu excessivement désagréable. Si on ne chauffait pas la crème, le cacao resterait en suspension dans celle-ci et lui donnerait un goût amer; de plus, le cacao n'étant pas fondu, la crème serait d'une vilaine couleur indécise; si on forçait la quantité de cacao, la crème deviendrait immangeable par son mauvais goût d'amertume. Certaines personnes habitant de petites localités éprouvent de grandes difficultés à s'approvisionner de cacao en tablettes, autrement dit de chocolat sans sucre. Dans ce cas, elles peuvent substituer à celui-ci du bon chocolat qu'elles pourront dissoudre dans une casserole avec un peu d'eau. Il faudra mettre une quantité de chocolat double de celle indiquée pour le cacao, le chocolat étant généralement composé de 50 % de cacao et d'autant de sucre. Pour le cas où on emploierait du chocolat, il faudrait augmenter la quantité de beurre proportionnellement à celle de sucre contenue dans le chocolat, soit 50 grammes de beurre pour 100 grammes de chocolat.

Confection de l'entremets. — La crème au beurre étant prête et la génoise étant refroidie, on évidera celle-ci comme le montre la photo nº 5.

Pour ce faire, on cerne perpendiculairement la génoise à 2 centimètres du bord et à 3 centimètres environ de profondeur. Ensuite, avec un grand couteau à lame étroite, on détache le morceau ainsi cerné en entrant cette lame horizontalement dans la génoise et en dirigeant celle-ci à droite et à gauche, sans agrandir l'ouverture qui doit être à peine plus large que la lame du couteau. La figure 1 montre, de A en B, l'endroit où il faut enfoncer la lame du couteau. Il n'y a plus alors qu'à enlever le morceau ainsi découpé en piquant dedans la lame d'un petit couteau d'office.

La photo nº 5 montre comment on enlève le morceau de génoise.

Avec la crème au beurre au chocolat, on remplit l'intérieur de la génoise, on place dessus le morceau qu'on a enlevé au milieu,

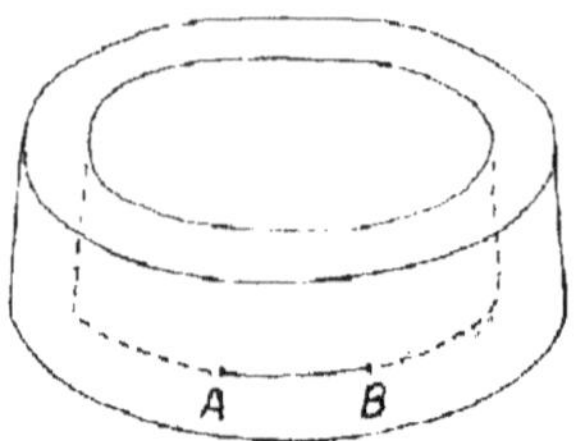

Fig. 1.

puis on masque entièrement la génoise avec le reste de la crème au beurre. La génoise étant ainsi bien masquée sur le dessus et sur les côtés, il n'y a plus qu'à l'entourer avec du cacao en feuilles.

Cette dernière opération demande assez de précautions, car de sa réussite dépendent le succès final et le joli aspect de l'entremets. Le cacao en feuilles se vend chez tous les bons confiseurs chocolatiers, mais il est généralement assez fragile, parce que très mince, et complètement froid. Pour opérer avec succès et sans trop de casse, on range les feuilles de cacao sur une grille, comme le montre la photo nº 7, et on expose celle-ci quelque temps à l'air, dans un endroit plutôt chaud, à la cuisine, près du fourneau, par exemple. Au bout d'un certain temps, on s'apercevra que, sans être complètement ramolli, le cacao est devenu flexible et qu'on peut le manier facilement, sans le casser. Si le cacao est encore très fragile, il n'y a qu'à attendre encore un peu, mais il faut avoir soin de ne pas le laisser trop chauffer, car les feuilles pourraient se coller entre elles et devenir, par ce fait, inutilisables.

Certaines personnes pourraient redouter d'entourer le cacoïer avec du cacao en feuilles, car elles craignent son amertume. Je dois tout d'abord déclarer qu'il n'y a rien à craindre, car le cacao en feuilles est toujours légèrement sucré, et qu'au lieu de nuire il ajoute à la saveur du gâteau, car il fait contraste avec la crème et la génoise qui en forment le fonds plutôt sucré.

Pour donner plus de cachet au cacaoïer et en même temps pour maintenir les feuilles de cacao, on peut mettre tout autour une faveur à 2 ou 3 centimètres du bas.

On poudre ensuite très légèrement le cacaoïer avec un peu de sucre glace, *vanillé de préférence.*

La photo n° 8 montre le cacaoïer terminé.

Le Gâteau Espérance

Le gâteau « Espérance » est excessivement fin, et s'il n'est pas plus connu, il le doit à sa composition : le fonds et la crème qui sont à la pistache.

La pistache a, certes, un goût très fin, mais tout le monde ne l'aime pas, c'est un goût un peu particulier et d'autres personnes, tout en aimant ce goût, n'aiment pas la couleur verte du gâteau qui est pourtant aussi inoffensive que les autres : rose, jaune, etc., etc. Nous avons pensé que ce gâteau était à tort trop méconnu, et c'est pourquoi nous vous en donnons la recette aujourd'hui.

Nous vous prévenons de suite que pour le coup d'œil du gâteau il faut ajouter un peu de vert végétal à la pâte qui constitue le fonds du gâteau ainsi qu'à sa crème. Mais cela n'est pas absolument indispensable et on peut se contenter de la coloration naturelle que lui donnent les pistaches qui entrent dans sa composition. Nous vous déclarons de suite que la couleur en sera plutôt indécise, mais cela ne nuira en rien à la qualité de l'entremets. Les personnes qui ajouteront une pointe de vert végétal dans la crème et dans le fonds auront un gâteau beaucoup plus appétissant que celles qui ne le feront pas.

La confection de ce gâteau peut se décomposer en trois opérations principales :

1° La préparation du fonds ;
2° La confection de la crème au beurre ;
3° Finir le gâteau.

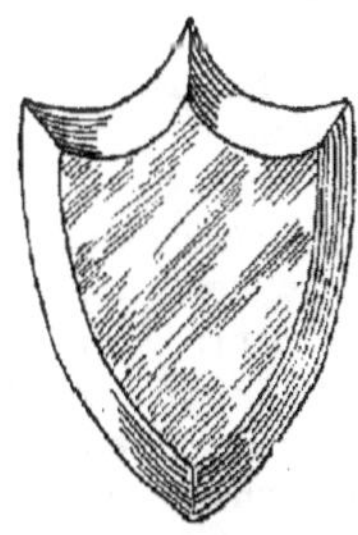

Fig. 1. — Moule biscuit, écusson uni.

Préparation du fonds.

PROPORTIONS :

100 grammes de sucre en poudre ;
50 — de pistaches mondées ;
75 — de farine tamisée ;
75 — de fécule tamisée ;

100 grammes de beurre fin fondu;
5 œufs frais;
1 verre à liqueur de kirsch nature;
1 pointe de vert végétal en pâte;
Quelques gouttes d'eau de fleurs d'oranger (facultatif).

Faites bouillir un peu d'eau dans une petite casserole et jetez-y les pistaches. Il faut donner la préférence aux pistaches de Sicile à peau violacée, car elles sont très vertes et d'une grande finesse de goût. A défaut, prenez des pistaches du Levant qui sont plus petites, mais aussi bien vertes. Les pistaches de Perse et celles d'Alep sont plutôt jaunes, de petite taille et n'ont presque pas de goût; elles ne conviennent donc pas dans cette préparation. Aussitôt les pistaches jetées dans l'eau bouillante, retirez la casserole sur le côté du fourneau et laissez-les 1 ou 2 minutes, sans qu'elles bouillent, jusqu'à ce que la peau soit bien attendrie.

Égouttez-les alors dans une passoire et rafraîchissez-les à l'eau fraîche. Mettez-les dans un torchon dont vous réunissez les coins et frottez-les vivement pour séparer les pistaches de la peau qui se crèvera si elles sont bien échaudées. Triez alors les peaux et finissez de monder les pistaches qui ne le seraient pas. Mettez les pistaches au mortier avec une poignée de sucre en poudre et pilez-les finement. Mouillez petit à petit avec un œuf que vous aurez battu à la fourchette dans une assiette. Quand le tout formera une pâte bien fine, impalpable presque, relevez-la et mettez-la dans une bassine à fond rond en cuivre non étamé; joignez-y le reste du sucre et cassez les quatre derniers œufs.

Pesez la farine et la fécule et tamisez-les ensemble sur un papier. Pesez aussi le beurre et mettez-le dans une petite casserole et sur le côté du fourneau pour qu'il fonde doucement. Quand il sera fondu, ajoutez-y le verre à liqueur de kirsch nature et les quelques gouttes d'eau de fleurs d'oranger (cette addition est facultative et dénature un peu le parfum de la pistache).

Si vous vous décidez à mettre un peu de vert végétal en pâte (nous vous recommandons la marque Breton, dont l'innocuité est certaine), vous l'aurez fait au mortier en pilant les pistaches.

Ceci étant fait, placez la bassine sur le côté du fourneau ou sur une sauteuse ou une cas-

Fig. 2. — L'Espérance masqué, mais non décoré comme le montre la fig. 3.

serole à moitié pleine d'eau bouillante et battez cet appareil comme de la génoise jusqu'à ce qu'il soit devenu léger et mousseux. Aussitôt que vous sentirez que l'appareil est tiède, ce qu'on reconnaît en y mettant le doigt, retirez la bassine de sur le fourneau ou de sur la sauteuse d'eau bouillante et continuez à la battre jusqu'à ce qu'elle soit refroidie. Procédez alors au mélange en commençant par la farine et en suivant les indications données dans la recette du gâteau « damier », donnée précédemment.

Mélangez ensuite le beurre, cela très légèrement, et garnissez avec cet appareil un moule en forme d'écusson (voir figure 1) préalablement beurré et fariné.

Emplissez ce moule seulement aux trois quarts et cuisez pendant 30 à 35 minutes à four doux.

Aussitôt cuit, démoulez-le sur grille et laissez-le refroidir.

On peut, sans inconvénient, faire le fonds du gâteau Espérance la veille du jour où on veut servir le gâteau, car, étant rassis de la veille, ce fonds est plus moelleux que s'il est cuit le jour même.

Préparation de la crème au beurre. — La

crème au beurre à la pistache se prépare avec les proportions suivantes.

PROPORTIONS :

150 grammes de sucre;
5 jaunes d'œufs très frais;
50 grammes de pistaches mondées;
200 - beurre d'Isigny très frais;
1/2 verre à liqueur de kirsch nature.

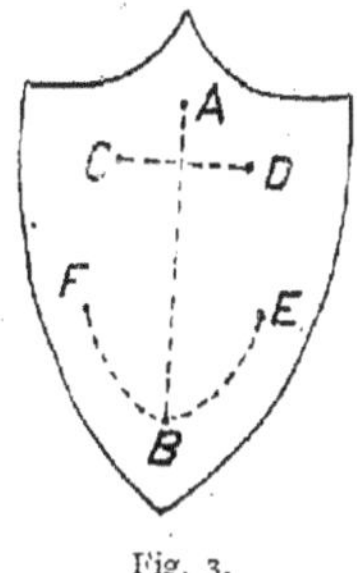

Fig. 3.

PROCÉDÉ. — Mettez le sucre en morceaux dans un poêlon en cuivre rouge non étamé et mouillez-le avec 1 double décilitre d'eau.

Clarifiez les œufs et mettez les jaunes dans une terrine moyenne. Cuisez le sucre au filet et versez-le petit à petit sur les jaunes d'œufs en remuant vivement au fouet.

Battez le mélange comme de la génoise jusqu'à ce qu'il soit devenu léger et mousseux. Mettez le beurre à ramollir en lieu chaud sans le faire fondre, puis mélangez bien le tout. Réservez-le au chaud. Prenez les pistaches fraîchement mondées et pilez-les au mortier en mélangeant le kirsch pour qu'elles ne huilent pas. Quand elles seront pilées très finement, en pâte impalpable, mélangez-les avec la crème au beurre et ajoutez un peu de vert végétal en pâte pour lui donner une belle couleur vert pâle. Certaines personnes ajoutent à la crème quelques gouttes d'eau de fleurs d'oranger, mais cette addition est tout à fait facultative et, pour notre part, nous jugeons cette addition inutile, car elle dénature un peu le parfum de la pistache.

On peut aussi forcer un peu la quantité de kirsch si on le veut, c'est facultatif.

Finir le gâteau. — La crème au beurre étant faite et le fonds étant refroidi, il n'y a plus qu'à terminer le gâteau.

Partagez déjà le fonds en trois abaisses de même épaisseur et garnissez la première abaisse, celle du dessous, avec une couche de crème d'un centimètre d'épaisseur. Couvrez avec la seconde abaisse et mettez une nouvelle couche de crème et superposez la troisième abaisse.

Masquez alors le tour et le dessus du gâteau avec la même crème en la lissant bien, en sorte qu'il présente des surfaces bien unies ne laissant pas voir la génoise. Mettez dans le bas une légère bordure de petit sucre en grains, comme pour les mokas, et garnissez la poche avec le reste de crème au beurre à la pistache. La figure 2 montre le gâteau masqué et garni de petit sucre dans le bas.

Le décor de l'Espérance n'est pas facultatif, c'est toujours le même : une ancre de marine. Il faut, certes, une certaine habitude pour bien la réussir, mais on peut assez aisément obtenir quelque chose d'approchant.

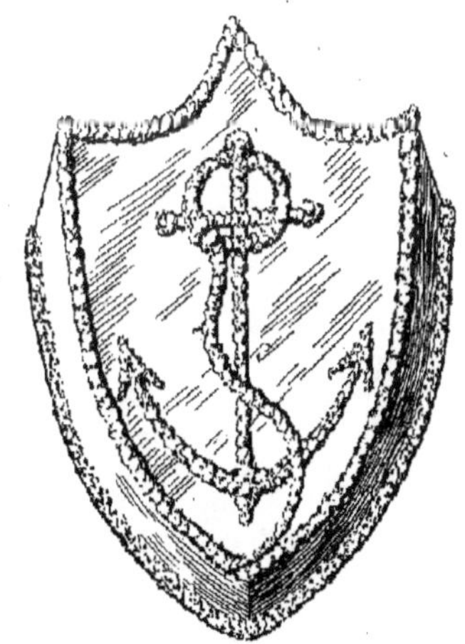

Fig. 4. — Le gâteau décoré.

Commencer à faire sur le gâteau une ligne partant de A et allant jusqu'à B. En faire ensuite une seconde croisant la première et allant de C à D. Ensuite, tracer C à E et B à F, celles-ci légèrement cintrées, comme le montre la figure 3.

Le tracé de l'ancre est ainsi fait, et il n'y a plus qu'à repasser sur ces lignes. La ligne de A à B doit être aussi grosse dans toute sa longueur; celle de C à D est de même grosseur, mais plus courte. Ensuite, celles de B à E et de B à F partent de B et vont en s'amincissant vers les extrémités. A cheval sur les lignes A B et C D et en prenant leur point de jonction comme centre, tracez un petit cercle avec la crème ou beurre et faites partir du milieu de ce cercle un trait serpentant et imitant la chaîne de l'ancre (voir fig. 4). Faites ensuite deux petites pointes à chaque extrémité de l'ancre en E et en F et une bordure autour du gâteau. Réservez au frais. La figure 4 représente le gâteau Espérance terminé.

LE SINGAPORE

I

VI

II

Comment se f[illegible] le Singapore

I. — Hachez 75 grammes d'ananas, pressez-le dans une serviette et mettez-le dans une bassine en cuivre non étamée avec 125 gr. de sucre. Desséchez le mélange au bain-marie pendant 5 minutes.

II. — Versez 3 œufs sur le mélange un peu refroidi et battez comme une génoise.

III. — Mélangez 100 grammes de farine, 100 grammes de beurre fin fondu et 1 verre à liqueur de kirsch. Garnissez de cet appareil un moule rond préalablement beurré et fariné. Cuisez 40 minutes à four très doux.

IV. — Partagez le fonds du Singapore refroidi en trois abaisses d'égale épaisseur. Hachez de l'ananas non confit et liez-le avec quelques cuillerées de marmelade d'abricots; parfumez au kirsch.

[illegible]. — Garnissez de deux bonnes couches de cette marmelade, superposez les abaisses et parez correctement l'entremets.

[illegible]I. — Abricotez le fonds au pinceau avec de la marmelade d'abricots réduite, passée à la passoire fine et bouillante.

[illegible]II. — Trempez des triangles d'Arcueils taillés dans une tranche d'ananas confit et rangez-les autour de l'entremets. Mettez une moitié d'amande sur chaque triangle, une moitié de chinois au milieu, un peu de pistaches hachées autour de ce fruit, et masquez l'entremets tout autour avec des amandes hachées et grillées. Déposez sur assiette garnie d'une dentelle.

[illegible]III. — Singapore terminé.

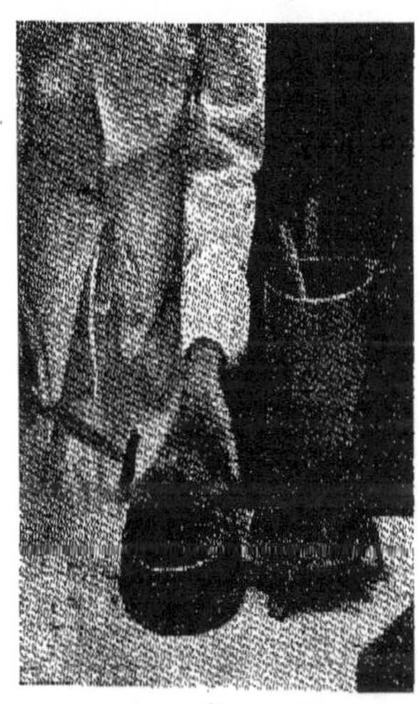

VII

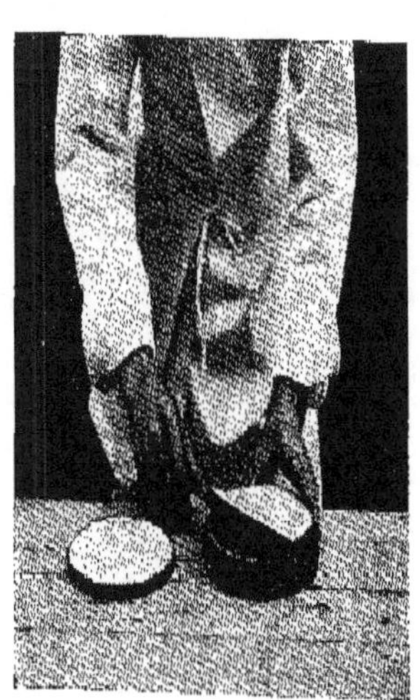

III

VIII

VINGT-CINQUIEME LEÇON

Le Singapore

COMMENT SE FAIT LE SINGAPORE (GATEAU A L'ANANAS). — Le « singapore » est un entremets classique, un des plus anciens du répertoire de la pâtisserie française.

Comme son nom l'indique, c'est un entremets à l'ananas; chacun sait, en effet, que les meilleurs ananas nous viennent de Singapore.

Cet entremets peut se faire soit à l'ananas frais ou à l'ananas conservé. On se sert, pour sa confection, d'ananas au naturel, c'est-à-dire non confit, pour le fourrer, et d'ananas confit pour le décorer.

Il va sans dire que chaque fois qu'on pourra se procurer un ananas frais, il vaudra mieux le faire que d'employer un ananas conservé, parce que l'ananas est un des fruits qui se conserve le mieux.

La confection de l'entremets peut se diviser en quatre phases principales :

1° Faire le fonds en génoise à l'ananas;
2° Confire l'ananas qui servira au décor;
3° Fourrer l'entremets;
4° Finir et décorer l'entremets.

1° *Génoise à l'ananas.* — Pour le singapore, il est bon de faire un fonds spécial du genre de la génoise, contenant un peu de pulpe d'ananas hachée qui parfume agréablement le fonds d'entremets et le rend plus moelleux. C'est là une pratique de la pâtisserie tout à fait fine que je veux vous exposer aujourd'hui, mais je n'hésite pas à vous dire que beaucoup de professionnels ne procèdent pas ainsi et utilisent tout bonnement une génoise ou un biscuit de Savoie pour exécuter le singapore. Vous pourrez agir ainsi si tel est votre désir, mais j'ai pensé devoir vous donner la meilleure recette et non la recette la plus couramment employée. Ayant déjà exposé la confection de la génoise à plusieurs reprises, je n'y reviendrai pas et je prie les personnes qui voudraient faire l'entremets avec un fonds en génoise de vouloir bien se reporter à une leçon antérieure.

Je vais donc vous exposer la manière de préparer la génoise à l'ananas.

PROPORTIONS :

125 grammes de sucre en poudre;
100 — de farine tamisée;
3 œufs;
100 grammes de beurre fin fondu;
75 — d'ananas au naturel;
1 verre à liqueur de kirsch nature.

PROCÉDÉ. — Hachez l'ananas aussi finement que possible et exprimez-en la moitié du jus en le pressant légèrement dans une serviette. Déposez l'ananas ainsi haché et

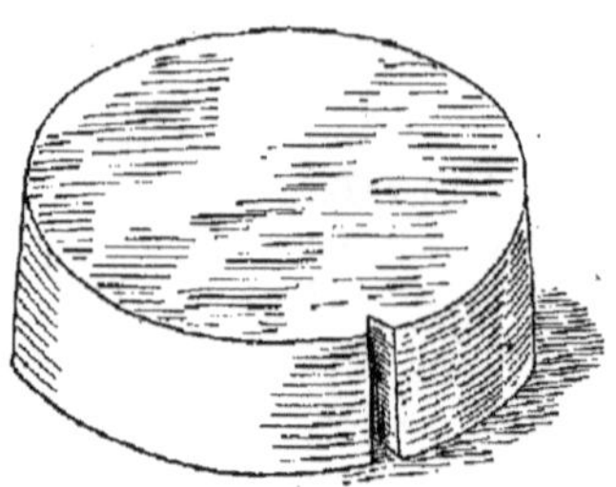

Fig. 1. — Entaille faite sur le côté du fond.

pressé dans une bassine ronde en cuivre non étamé et d'assez petites dimensions pour pouvoir battre aisément l'appareil. Pesez le sucre en poudre, tamisez-le et versez-le dans la bassine, sur l'ananas. Placez la bassine sur une sauteuse ou une plaque à rôtir contenant de l'eau bouillante et remuez à la spatule le sucre et l'ananas pour que celui-là fonde bien. Placez la bassine, toujours sur le bain-marie, en plein feu et remuez de temps à autre pour que le mélange évapore un peu de son humidité qui allégerait trop la génoise. Il faut compter 10 minutes de cette cuisson au bain-marie pour que le mélange soit point.

Cassez alors les trois œufs dans un bol et battez-les comme pour une omelette. Pesez la farine, faites-la sécher à l'entrée du four et tamisez-la sur une feuille de papier.

Pesez le beurre fin et mettez-le à fondre sur le côté du fourneau.

Pendant ce temps, le mélange d'ananas et de sucre aura diminué de chaleur, car vous aurez eu soin de le mettre hors du feu. Prenez alors un fouet et versez les œufs battus dans la bassine en remuant vigoureusement pour que ceux-ci ne cuisent pas si la chaleur du mélange était encore élevée. Si la bassine est encore tiède, battez ce mélange hors du feu, en sorte qu'il devienne léger, mousseux et blanchâtre, absolument comme pour la génoise. Si la bassine est froide, il faut battre l'appareil en vous plaçant sur le côté du fourneau, mais, en tout cas, *observez bien de chauffer à peine et au début de l'opération, car le mélange doit être à peine doux, et il convient, aussitôt qu'il l'est, de finir de le battre hors du feu pour qu'il soit froid quand il est convenablement battu.* Si vous n'observez pas bien cette recommandation, vous aurez une génoise qui moussera bien trop et qui retombera au mélange, ce qui donne un appareil sans aucun corps, ne montant pas à la cuisson et laissant tomber au fond du moule tout l'ananas haché, ce qui nuit à la fois au démoulage du fonds d'entremets qui, en ce cas, est toujours défectueux et qui nuit aussi à sa qualité. C'est pourquoi j'ose encore vous recommander de *bien veiller à la chaleur qui doit être très douce, et de la donner dès le début pour terminer de battre l'appareil hors de toute chaleur.* La préparation de la génoise est délicate, certes, mais celle de ce fonds l'est encore davantage.

Quand l'appareil aura été bien battu, il devra être devenu léger et mousseux. On reconnaît qu'il est assez battu quand, en enlevant le fouet de la bassine et en le tenant au-dessus de celle-ci, la pâte, en tombant, forme comme un ruban qui se replie sur lui-même. La consistance épaisse indique aussi que l'appareil est assez travaillé. On sort alors le fouet de la bassine et on le remplace par une spatule. Beaucoup de personnes sont encore ennuyées et ne savent pas comment faire pour faire tomber la pâte qui reste après les branches du fouet. Le meilleur moyen consiste à tenir le fouet de la main droite et la spatule de la main gauche et les deux bien au-dessus de la bassine. On tape alors à coups secs et à plusieurs reprises la tête du fouet sur la spatule, ce qui fait tomber la plus

Fig. 2.

grande partie de l'appareil, le reste s'enlève *grosso modo* en glissant le pouce et l'index le long des branches du fouet. Certains praticiens recommandent de passer le fouet dans la farine avant de le taper sur la spatule, mais je juge que cette façon de faire présente parfois le grand inconvénient de former des grumeaux qui, étant de consistance plus ferme que le reste de l'appareil, ne se mélangent pas à celui-ci et persistent à la cuisson, ce qui est d'un très mauvais effet.

Pour mélanger la farine, il est bon de se faire aider par une personne qui tient le papier la contenant au-dessus de la bassine et la fait tomber en pluie légère. On la mélange à la spatule aussi légèrement que possible pour ne pas faire retomber l'appareil. La même personne verse alors le beurre fondu qui aura été décanté dans une autre casserole pour en supprimer le petit lait qui se trouve toujours dans le beurre, même celui des meilleures provenances. On ajoute le kirsch dans ce beurre et on mélange le tout ensemble.

Avec cette pâte, on garnit un moule rond et plat à génoise préalablement beurré et saupoudré légèrement de farine. On le garnit à un demi-centimètre du bord, car l'appareil monte toujours un peu à la cuisson. Celle-ci se fait à feu doux et demande environ 40 minutes.

Quand le fonds est cuit, on le démoule sur une grille pour le laisser refroidir.

2° *Confire l'ananas.* — Si vous opérez avec un ananas conservé au naturel, il n'y a qu'à ouvrir la boîte, sortir l'ananas qui sera entier ou en tranches, suivant la désignation de l'étiquette. Si l'ananas est entier, il faut d'abord le débarrasser des petites rugosités brunes qui sont tout autour puis, on le coupe en tranches d'un centimètre et demi à deux centimètres d'épaisseur. Si le nœud du milieu n'est pas enlevé, on l'enlèvera avec un vide-pommes, car cette partie dure n'est pas comestible et durcirait encore en confisant. Si on opère avec un ananas frais, on coupe la queue et la tige du sommet et on le pare franchement à vif. On enlève les parties brunes du tour avec la pointe d'un petit couteau d'office, on le coupe de même en tranches et on enlève le cœur du milieu, puis on le met à blanchir à grande eau bouillante pendant 5 minutes. Avec l'ananas conservé, il n'y a pas besoin de le blanchir, car il a subi une ébullition qui correspond au blanchiment.

On prépare un sirop à 15° qu'on mouille avec l'eau de la boîte si c'est un ananas conservé qu'on emploie, ou avec de l'eau, si c'est un ananas frais. On plonge les tranches égouttées et rafraîchies dans le sirop bouillant et on débarrasse le tout dans une terrine. Le lendemain, on remet le tout dans une bassine en cuivre rouge non étamée et on amène à l'ébullition, on égoutte les tranches et on pèse le sirop bouillant qui devra accuser 12°. On le ramène à 15 en le réduisant ou en ajoutant du sucre suivant la quantité de sirop dont on dispose, et on le verse bouillant sur la terrine contenant les tranches d'ananas. Tous les deux jours, on recommence l'opération et on augmente le sirop de 4° chaque fois. Quand le sirop a 30°, l'ananas est suffisamment confit pour la confection des entremets du genre singapore, mais pour le conserver, on amène le sirop à 36° (pesé bouillant) et, dans cette dernière façon, on ajoute de la glucose pour empêcher le sirop de candir. L'ananas confit se conserve en terrines couvertes de papier comme les confitures. Comme on le voit, il ne faut pas attendre d'avoir besoin de l'ananas pour le confire, car cette opération est assez longue.

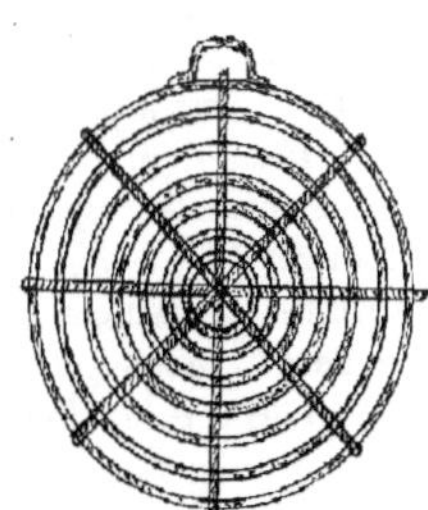

Fig. 3. — Grille ronde.

3° *Fourrer le singapore.* — Le fonds d'entremets étant refroidi, partagez-le en trois abaisses d'égale épaisseur.

Hachez la valeur de deux tranches d'ananas, non confit, cette fois, et liez-le avec deux cuillerées à soupe de marmelade d'abricots. Parfumez cette confiture avec un verre à liqueur de kirsch nature et garnissez-en l'entremets de deux bonnes couches entre les trois abaisses que vous superposez bien également pour reconstituer le fonds.

Si celui-ci n'était alors pas de forme bien

Fig. 4.

régulière, il faudrait le parer avec un couteau pour qu'il soit bien d'aplomb et ne présente aucune bavure. Cette recommandation peut paraître oiseuse et, cependant, il est utile de bien s'y conformer si on veut avoir un gâteau de belle apparence. Certains auteurs recommandent de parer le fonds avant de le fourrer, mais il arrive souvent que les abaisses ne sont pas d'une égale épaisseur sur toute la surface, ce qui a pour résultat, si on ne les met pas exactement à la place qu'elles occupaient (c'est-à-dire si on les tourne d'un quart ou d'un cinquième de tour), de faire un entremets plus bas d'un côté que de l'autre. Il est vrai que pour remettre les abaisses exactement à leur ancienne place, on peut faire une petite entaille perpendiculaire sur le côté du fonds avant de le partager en trois abaisses, comme le montre la figure 1. Il n'y a plus, quand on superpose les abaisses, qu'à mettre les entailles l'une sur l'autre pour que le fonds soit reconstitué bien d'aplomb.

Je trouve plus simple, à mon avis, de ne parer le fonds qu'une fois qu'il est fourré, ce qui ne nuit en rien et donne toujours un meilleur résultat.

4° *Décorer le singapore.* — Le singapore étant ainsi fourré et paré, il reste à le décorer. Il faut tout d'abord l'abricoter entièrement au pinceau avec de la marmelade d'abricots suffisamment réduite pour qu'elle n'imbibe pas le fonds d'entremets et pas trop pour qu'elle ne forme pas caoutchouc. La préparation de la marmelade d'abricots a déjà été donnée dans de précédentes leçons. Pour cet usage, il faut qu'elle soit excessivement fine, aussi agira-t-on sagement en la passant au chinois (voir figure 2) ou à la passoire fine. Il vaut mieux la passer avant qu'elle soit complètement réduite, elle passe plus facilement ainsi. Pour avoir une marmelade qui nappe bien sans être coriace, on lui mélange une certaine quantité de glucose, environ 25 %, et on donne un bouillon de 3 minutes; cette addition de glucose blanchit aussi la marmelade et lui donne une belle couleur blonde qui est nécessaire au joli coup d'œil de l'entremets. On voit que la marmelade est suffisamment réduite quand en en prenant un peu entre le pouce et l'index et en approchant ceux-ci de l'oreille et en les séparant brusquement, on entend un claquement sec.

Pour abricoter l'entremets sans risque de se brûler, on met celui-ci sur une petite grille ronde en fil de fer (voir figure 3), puis on trempe un pinceau dans la marmelade d'abricots bouillante et on étend celle-ci uniformément sur toute la surface de l'entremets.

On prend ensuite une tranche entière d'ananas confit préalablement égouttée et on la coupe en huit triangles comme le montre la figure 4. Ces triangles doivent être très réguliers pour avoir un joli entremets

On les trempe un par un dans la marmalade en les piquant avec la pointe d'un couteau d'office et on les égoutte complètement en secouant bien ce couteau puis on les dispose tout autour de l'entremets en les espaçant régulièrement. Suivant la grosseur de celui-ci, on peut en mettre ainsi de 8 à 12, en ayant soin de disposer la base de chaque triangle en dehors du gâteau et tous les sommets convergeant vers le centre.

Au milieu de l'entremets, mettez une moitié de chinois ou de reine-claude également abricotée.

Sur chaque triangle d'ananas, mettez une

moitié d'amande bien blanche et, entre chaque triangle, une moitié de cerise confite.

Semez un peu de pistaches hachées autour du fruit faisant le milieu de l'entremets et, pour finir, masquez le tour, à hauteur de la génoise, avec des amandes hachées et grillées.

Pour masquer le tour avec les amandes, il faut d'abord enlever le gâteau de sur la grille et, avec un couteau, supprimer les bavures de marmelade d'abricots. On place alors l'entremets sur la main gauche et les amandes hachées et grillées sur le marbre ou table à pâtisserie. On incline le gâteau pour le faire toucher la table et, avec la main droite, on amène les amandes à hauteur voulue; on recommence cette opération en tournant l'entremets jusqu'à ce qu'il soit entièrement masqué tout autour, et, avec la lame d'un couteau tenue à plat, on régularise les amandes en appuyant légèrement pour les faire bien adhérer.

On dépose ensuite le gâteau sur une assiette ou un compotier plat garni d'une dentelle.

Voir les huit photos explicatives pour les diverses phases de ces travaux.

LE DANICHEFF

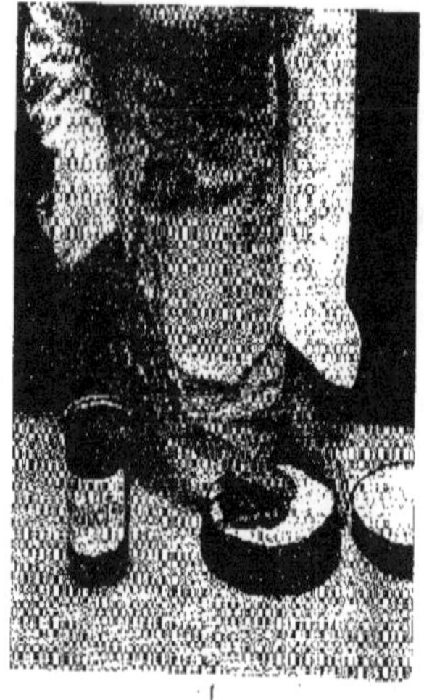

I

V

VI

Comment se fait le Danicheff

I. — Prenez une génoise, partagez-la en deux, garnissez-la avec de la marmelade de framboises avec pépins et reconstituez-la.

II. — Pesez 125 grammes de sucre dans un poêlon, mouillez-le avec un double décilitre d'eau fraîche et mettez-y 1/2 gousse de vanille. Cuisez ce sucre au boulé en le levant fréquemment.

III. — Clarifiez 2 blancs d'œufs dans une bassine et fouettez-les en neige très ferme.

IV. — Versez petit à petit le sucre cuit au boulé dans les blancs d'œufs, tirez la vanille et réservez-la.

V. — Masquez la génoise avec la meringue en formant dessus une couche de 6 à 8 centimètres.

VI. — Avec un tisonnier rougi au feu préalablement essuyé sur un torchon humide, tracez des losanges réguliers sur le dessus du Danicheff. Mettez 1/2 pistache mondée au milieu de chaque losange.

VII. — Nappez le Danicheff à la marmelade d'abricots peu réduite. Pour ce faire, placez-le sur une grille placée au-dessus d'un plat et formant égouttoir. Masquez le tour avec des amandes effilées et grillées.

VIII. — Le Danicheff terminé.

II

VII

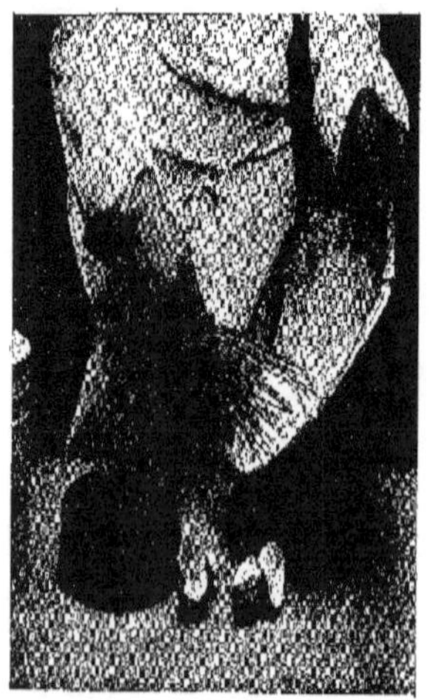

III

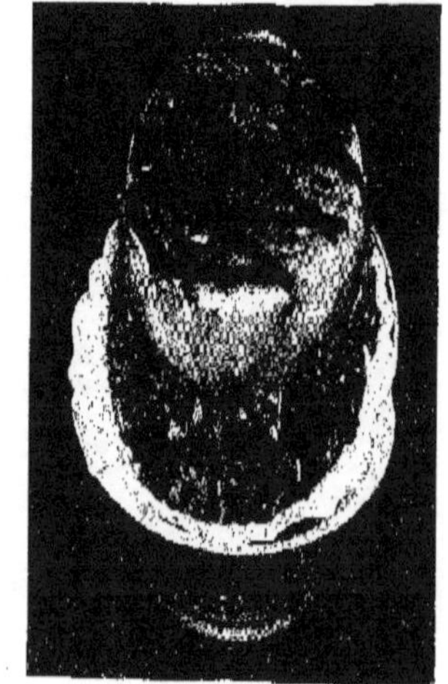

VIII

VINGT-SIXIÈME LEÇON

Le Danicheff

COMMENT SE FAIT LE DANICHEFF. — Le Danicheff appartient à la catégorie des entremets meringués.

La confection des entremets meringués exige, de la part de celui qui l'entreprend, un certain tour de main qui ne s'acquiert qu'au bout d'un certain temps de pratique.

Pour bien vous convaincre de ce que je vous dis, je vais vous citer deux opérations dans l'exécution du Danicheff qui exigent particulièrement une certaine expérience. Je veux parler du lissage de la meringue quand on masque la génoise, puis de l'abricotage de l'entremets.

La meringue se lisse moins bien, en effet, que de la crème au beurre, car elle est très légère et moins ferme surtout; vous comprendrez qu'une personne exercée à faire des mokas, des mascottes ou autres entremets à la crème aura beaucoup plus de facilité à lisser un entremets meringué qu'une autre qui débutera ou à peu près par cette opération.

Pour l'abricotage de l'entremets, c'est la même chose : la surface de celui-ci est naturellement très fragile et on ne peut, pour l'abricoter, employer un pinceau comme on le fait pour une génoise ou un autre gâteau plus solide. Il faut verser l'abricot à la cuiller pour napper l'entremets et on ne peut, vu la fragilité de celui-ci, se servir d'un couteau pour faire couler l'excédent d'abricot qu'il y a dessus, car on risquerait d'entamer la meringue et d'abîmer l'entremets, ce qui serait irrémédiable.

J'estime qu'une personne ayant déjà préparé plusieurs entremets du genre du « Singapore » et les ayant abricotés plusieurs fois, est mieux préparée à la délicate opération de l'abricotage du Danicheff et des autres entremets meringués.

Je recommande à mes lectrices d'apporter une grande attention aux observations que je vais faire plus loin, car j'estime qu'il est indispensable de les prémunir contre les difficultés qu'elles ne pourront manquer de rencontrer dans l'exécution de ce travail.

Si j'ai choisi le Danicheff, c'est parce que c'est un des plus faciles à exécuter. La série des entremets meringués, si elle n'est pas facile à exécuter, donne les entremets les plus jolis et non les moins bons. La meringue, lorsqu'elle est bien préparée, se prête facilement à toutes sortes de combinaisons, et rien n'est aussi joli qu'un entremets joliment dressé que dore une jolie nappe blonde d'abricot réduit à point.

La fabrication du Danicheff peut se diviser en cinq opérations principales :

1° Faire le fonds de génoise;
2° Fourrer ce fonds;
3° Faire la meringue;
4° Dresser l'entremets;
5° Le napper et le masquer d'amandes.

1° *Faire le fonds de génoise.* — Je me suis déjà très longuement expliqué et à plusieurs reprises sur la confection de la génoise; mes lectrices trouveront dans de précédentes leçons toutes les recommandations nécessaires.

Je les prie donc de vouloir bien se rapporter aux conseils donnés antérieurement.

2° *Fourrer le fonds.* — Pour fourrer le fonds de génoise, on commence par le partager en deux par le milieu, comme le montre la photo n° 1 de la série des huit photos explicatives.

Le Danicheff se fourre à la marmelade de framboises. Je dis bien à la marmelade et non à la gelée. En effet, les pépins qu'on y rencontre, loin d'être désagréables, sont du meilleur effet dans cette confiture et surtout dans l'ensemble de l'entremets où ils font contraste avec la masse crémeuse de la meringue qui recouvrira l'entremets terminé.

On étend donc, sur la partie inférieure du fonds, une bonne couche de cette marmelade qu'on étend régulièrement au couteau pour que toutes les parties de l'entremets soient également fourrées et que celui-ci soit d'égale hauteur sur toutes les faces. Dans le cas présent, j'ai disposé d'une génoise ronde, mais je me hâte de dire que l'entremets sera tout aussi joli en opérant avec une génoise de toute autre forme : ovale, carrée, rectangulaire, etc... Quand la couche de marmelade de framboises est bien également répartie, on la recouvre avec la seconde partie de la génoise en la superposant exactement pour reconstituer le fonds aussi correctement que possible. Le fonds est alors prêt à être masqué avec la meringue.

3° *Faire la meringue.* — C'est de la meringue italienne au sucre cuit qu'on utilise pour faire ces entremets. Cette meringue se fait à raison de 8 blancs d'œufs pour 1 livre de sucre. 2 blancs d'œufs sont suffisants pour un entremets de moyenne taille, la quantité de sucre à employer sera donc de 125 grammes.

La préparation de la meringue est certainement l'opération la plus délicate dans la confection du Danicheff, et les deux choses à observer le plus sont :

1° La fermeté absolue des blancs d'œufs;
2° le sucre cuit au point voulu.

J'ai déjà fait des observations très précises au sujet de la manière de fouetter les blancs d'œufs en neige très ferme (voir les explications données à ce sujet dans la 22e leçon de ce cours). Je vous prie donc de vous y reporter et de les observer scrupuleusement, si vous voulez arriver à un bon résultat. Je me hâte de vous dire que *si les blancs d'œufs ne sont pas d'une fermeté excessive, il ne faut pas mélanger le sucre,* ce serait de la marchandise perdue, car ce sucre ramollirait encore davantage les blancs d'œufs et on aurait une pommade inutilisable au lieu d'une meringue bien ferme. *Recommandation essentielle : il est de toute urgence que les blancs d'œufs soient fouettés en même temps que le sucre cuit et que les deux opérations soient simultanées et terminées au même moment, car ni le sucre ni les blancs d'œufs ne doivent attendre l'un après l'autre.*

Pour cuire le sucre, on utilise un poêlon en cuivre rouge non étamé. Il faudra veiller à la propreté méticuleuse de ce poêlon, en sorte que rien ne vienne graisser le sucre qui doit être très sec, sous peine de ramollir les blancs d'œufs au moment du mélange. Si le poêlon est noir, n'ayant pas servi de longtemps, il faudra le nettoyer avec un mélange de sable, gros sel de cuisine et un peu de vinaigre ou un vieux citron. Bien rincer à l'eau claire ensuite et essuyer avec un torchon très propre et surtout pas gras. Mettez alors le sucre, de préférence du sucre en morceaux ou en pain, dans le poêlon et mouillez-le avec 1 double décilitre d'eau (j'ai dit plus haut qu'il fallait 125 grammes de sucre pour 2 blancs d'œufs). Mettez une demi-gousse de vanille dans le poêlon et placez celui-ci à feu doux pour commencer la cuisson. Avec une fourchette argentée, écrasez le sucre jusqu'à ce qu'il soit complè-

complètement fondu et surtout veillez à ce que l'ébullition ne se produise pas avant que ce soit chose accomplie. *Si le sucre commençait à bouillir avant d'être complètement fondu et qu'on le laisse cuire, il grainerait forcément et serait inutilisable pour la meringue italienne.* Quand le sucre commence à bouillir, on peut activer le feu en dessous du poêlon, et c'est le moment de commencer à battre les blancs d'œufs pour que les deux opérations soient terminées en même temps. Comme on le voit, il faut être deux personnes pour faire la meringue italienne; certains praticiens, très exercés dans le métier, peuvent la réussir seuls, mais il serait téméraire pour des amateurs comme mes lectrices de vouloir en faire autant. En effet, quand on a commencé à battre les blancs d'œufs, on ne doit plus s'arrêter; de plus, le sucre doit être lavé presque tout le temps que dure la cuisson, on ne peut donc vraiment mener à bien l'une de ces opérations qu'au détriment de l'autre et du résultat final.

Pour la meringue italienne, le sucre doit être cuit au boulé. On reconnaît que le sucre est cuit au boulé quand, en en prenant une légère partie avec les doigts mouillés au préalable dans l'eau fraîche et en les y replongeant aussitôt, cette partie forme une boule mollette, *mais se tenant bien* entre les doigts. Si cette partie devint à consistance de caramel mou, le sucre est cuit au gros boulé et il faut le décuire avec quelques gouttes d'eau et lui rendre un bouillon ou deux. Au moment précis où le sucre est cuit au boulé, les blancs d'œufs doivent être très fermes, mais il peut, dans la pratique, se produire un petit écart de temps; dans ce cas, si le sucre est cuit avant que les blancs d'œufs soient fermes, on le met sur le côté du fourneau en l'aspergeant de quelques gouttes d'eau fraîche et en l'éloignant assez pour qu'il cesse de bouillir; au contraire, si les blancs d'œufs sont prêts avant le sucre, on active le feu sous le poêlon, puis on mélange aux blancs d'œufs une forte pincée de sucre glace, ce qui permet de les remuer doucement au fouet, sans qu'ils graissent. Si on voyait, dans le cours du battage des blancs d'œufs, qu'ils aient une tendance à grainer, ce qui n'est pas rare, on a recours au même procédé, on y met une pincée de sucre glace, ce qui leur donne du corps, et on continue à les battre comme si rien n'était. *Il est bien entendu que ce ne sont là que des pis aller et que mieux vaut conduire ses opérations pour que celles-ci soient terminées ensemble.*

Quand le sucre sera cuit au boulé et que les blancs d'œufs seront bien fermes, il faudra verser le sucre petit à petit en un mince filet, *bien au milieu de la bassine* et en remuant vigoureusement au fouet *et bien au fond*, pour mélanger le sucre. La photo n° 4 montre comment on se dispose pour ce travail. Si les blancs d'œufs étaient bien fermes et le sucre cuit à point, on verra la meringue souffler et augmenter de volume à vue d'œil dans la bassine; si, au contraire, les blancs étaient mous ou le sucre insuffisamment cuit, vous verrez les blancs d'œufs s'affaisser dans le fond de la bassine et former une pommade inutilisable pour la confection de l'entremets. Il n'y a plus, en ce cas, qu'à recommencer l'opération en s'entourant des plus grandes précautions. On a beau être roué à toutes les pratiques du métier et y être très exercé, on ne peut faire un joli entremets avec une meringue flasque et molle. S'il vous arrivait de rater la meringue, il ne faut pas la jeter; il n'y a que les blancs d'œufs de perdus et vous pouvez retrouver le sucre; pour cela, versez 1 litre d'eau sur la meringue molle et placez la bassine sur le feu *en remuant au fouet.* En arrivant à ébullition, vous verrez les blancs d'œufs cuire et vous obtiendrez, en mettant la bassine sur le côté du fourneau pendant 5 minutes, vous obtiendrez dis-je, un sirop clarifié que vous n'aurez plus qu'à filtrer et réserver pour tout emploi que vous jugerez utile.

J'espère et souhaite que vous ne vous constituiez pas une grande réserve de sirop dans ces conditions; mieux vaut réussir la meringue du premier coup, mais je ne saurais trop vous prier de suivre à la lettre les recommandations faites dans ce cours et dans les cours précédents sur la manière de fouetter les blancs d'œufs.

Il va sans dire qu'en versant le sucre, vous n'aurez pas versé la demi-gousse de vanille et que celle-ci aura dû rester au fond du poêlon où vous l'aurez retrouvée pour un second emploi.

4° *Dresser l'entremets.* — Certes, la meringue n'est pas très facile à réussir pour des amateurs; voilà sûrement la réflexion que vous vous faites en ayant lu les lignes qui précèdent, et l'auteur ne nous encourage guère à essayer. Mais si ! au contraire :

A vaincre sans péril, on triomphe sans gloire,

et la difficulté ne doit pas vous effrayer ni vous décourager, au contraire; si je vous ai un peu grossi les difficultés, c'est pour que vous apportiez toute votre attention à cette préparation, et je suis sûr qu'une bonne partie de mes lectrices verront leurs efforts et leur attention couronnés de succès.

La meringue étant réussie, il faut se hâter de dresser l'entremets, car celle-ci, si elle est jolie et se prête à de nombreuses combinaisons, est capricieuse comme tout et demande à être employée quand elle est chaude, *bouillante même.* Nous abordons ici une difficulté moindre que la précédente, mais une difficulté tout de même. Il s'agit de donner un beau coup d'œil à l'entremets, et il est capital que celui-ci soit appétissant. On commence par mettre, au moyen de la corne, une bonne partie de meringue sur l'entremets, car il faut que la génoise soit recouverte par une couche d'au moins 6 à 8 centimètres de meringue. On pose ensuite la génoise sur la table à pâtisserie et, avec un couteau à lame longue et flexible, on lisse le dessus en observant de le faire dans un plan aussi horizontal que possible et en sorte que ce plan soit au moins aussi large que le fonds de la génoise. On prend l'entremets sur la main et, avec le couteau, on lisse le tour comme on le fait pour un moka. Il faut que le tour soit parfaitement lisse dans toute la partie supérieure et jusqu'à moitié de la hauteur, il faut aussi que le haut soit bien rond et enfin que l'entremets soit bien d'aplomb. Je ne puis donner, en l'occurrence, aucun conseil, car il s'agit non pas de s'y prendre d'une manière ou de l'autre, mais d'avoir un tour de main spécial qui ne s'acquiert qu'avec la pratique. C'est pourquoi les personnes qui ont déjà lissé des mokas, des mascottes ou autres entremets en crème au beurre auront plus de facilité pour lisser le Danicheff meringué. Pendant qu'on lisse ainsi l'entremets, on mettra chauffer le tisonnier dans le fourneau, car on en aura besoin pour brûler le dessus du gâteau. La photo n° 5 montre comment on lisse la meringue sur le Danicheff.

Pour brûler le Danicheff, il faut que le tisonnier soit bien rouge, car, autrement, il salirait la meringue et celle-ci s'attacherait après le tisonnier, ce qui abîmerait complètement le gâteau.

Cette opération n'est pas la moins délicate, car il faut brûler la meringue assez, mais pas trop, et il faut que les lignes tracées ainsi au fer rouge soient symétriques, car elles forment le décor de l'entremets. La photo n° 6 montre comment on brûle le Danicheff; il faut que les raies forment des losanges réguliers. La première condition est de faire tout d'abord des raies parallèles ayant entre elles toutes le même écartement; on fait ensuite une seconde rangée de raies également parallèles entre elles, mais croisant les premières. Ce qui est capital, c'est que les raies soient bien parallèles et qu'elles aient entre elles le même écartement. En faisant ainsi, on aura des losanges réguliers. Au milieu de chacun de ces losanges, mettez une demi-pistache mondée posée à plat, et il ne restera plus qu'à napper le Danicheff à la marmelade d'abricots.

5° *Napper l'entremets et le masquer.* — Pour napper joliment le Danicheff, il faut avoir une marmelade d'abricots très fine et qui, sans être trop réduite, nappe bien l'entremets et lui donne le cachet final. Pour napper tous les entremets meringués, il faut une nappe fortement glucosée. On met donc dans un poêlon environ 250 grammes de marmelade d'abricots passée et cuite comme il a été déjà expliqué précédemment, et y ajouter 125 grammes de sucre et autant de glucose. On met le poêlon sur le feu et, au premier bouillon, on passe la marmelade, qui prend le nom de nappe, à la passoire fine ou au chinois. On lui rend un nouveau bouillon et la nappe est prête à être utilisée. On la met sur le côté du fourneau pour qu'elle éclaircisse bien, car en bouillant, l'air s'emmagasine en petites bulles et la trouble. Quand elle est bien claire, on met le Danicheff sur une grille placée au-dessus d'un plat quelconque, comme le montre la photo n° 7, et, avec une cuiller à bouche, on verse la nappe à petits coups sur l'entremets. Quand le dessus est bien recouvert, on souffle pour faire couler l'excès de nappe qui surchargerait et ferait s'affaisser la meringue. Il ne reste plus qu'à napper le tour qui ne l'aurait pas été du premier coup. Quand tout le tour est nappé, on enlève l'entremets sur la main gauche en s'aidant d'un couteau et on masque le bas de l'entremets, où paraît la génoise, avec des amandes effilées et grillées. On pose alors l'entremets sur une grille garnie d'une dentelle. Avant de mettre les amandes autour du Danicheff, il faut s'assurer que la nappe ne glisse pas sur la meringue et qu'elle prend bien en gelée. Si elle glissait et ne nappait pas bien, c'est qu'elle ne serait pas suffisamment cuite, et il faudrait la recuire pour napper à nouveau le Danicheff, mais ce n'est là qu'un pis aller auquel mieux vaut ne pas avoir recours et, en procédant comme je vous l'ai dit, la nappe doit prendre du premier coup.

LES MERINGUES MOELLEUSES AU CAFÉ

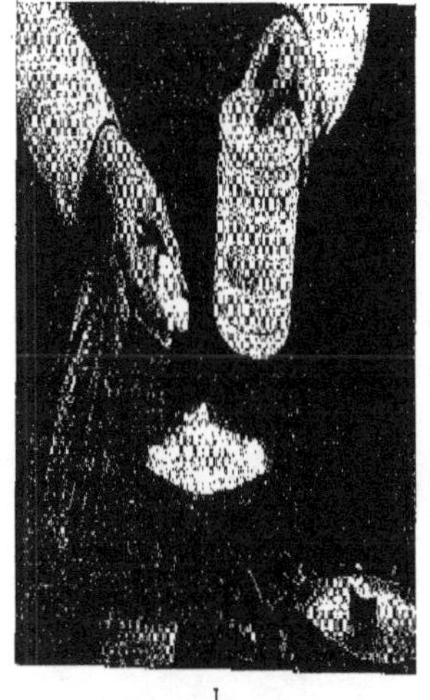

I

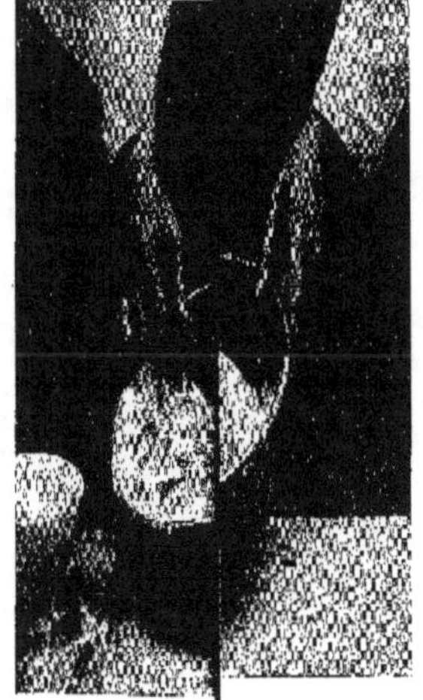

VI

II

Comment se font les Me[illegible]gues moelleuses au café

I. — Pesez 300 grammes de sucre en morceaux et mettez-le dans un poêlon, mouillez-le avec 3 décilitres d'eau.

II. — Clarifiez 3 blancs d'œufs et fouettez-les bien fermes.

III. — Cuisez le sucre au boulé et mélangez-le dans les blancs en le versant tout doucement et en remuant vigoureusement au fouet.

IV. — Mélangez à la spatule 150 grammes de sucre glacé et deux cuillerées à café d'essence de café.

V. — Garnissez une planche mouillée avec des feuilles de papier blanc bien tendues pour qu'elles ne fassent pas de plis.

VI. — Garnissez une poche munie d'une douille unie avec cet appareil et dressez en forme de demi-œufs en les espaçant suffisamment.

VII. — Cuisez-les 5 minutes à four doux grand ouvert et relevez-les très délicatement, collez-les deux à deux au fur et à mesure.

VIII. — Assiette de meringues moelleuses au café.

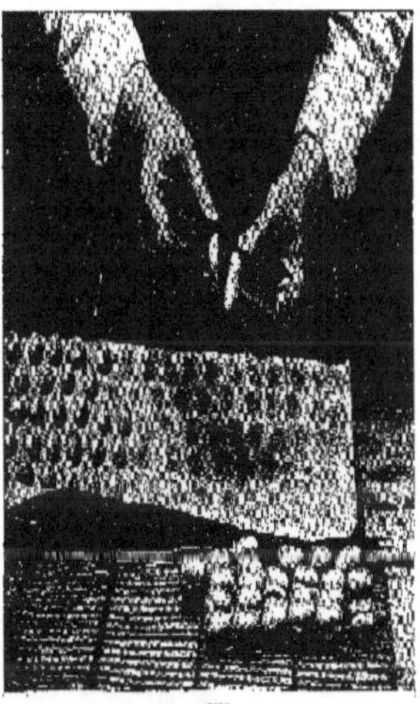

VII

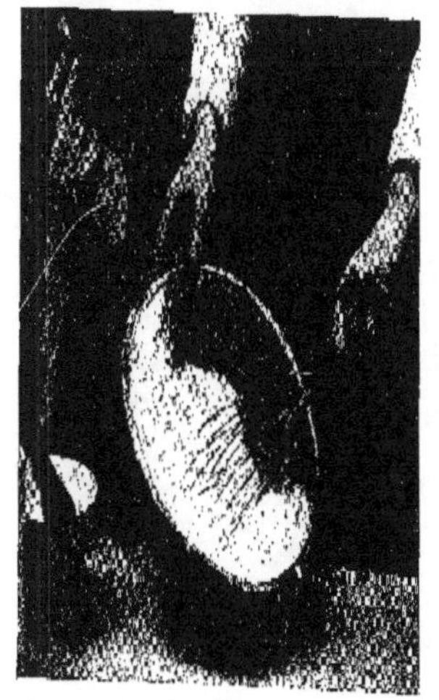

III

V

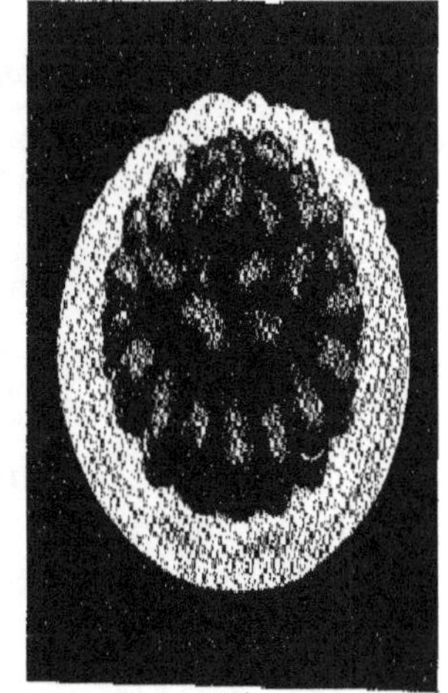

VIII

VINGT-SEPTIÈME LEÇON

Les Meringues Moelleuses

COMMENT SE FONT LES MERINGUES MOELLEUSES. — Les meringues sont des petits fours très fins selon les uns, très ordinaires selon les autres, mais de l'avis de tous, ce sont de délicieux petits fours, et c'est bien là l'essentiel, n'est-ce pas ?

Ayant déjà traité de la meringue dans la dernière leçon, je puis sans crainte aborder cette série de recettes sans redouter trop d'insuccès de la part de mes lectrices. Celles qui ont réussi la confection du Danicheff d'après mes indications peuvent être certaines de réussir les meringues moelleuses, elles possèdent la qualité essentielle pour cela : elles savent fouetter des blancs d'œufs très fermes.

Il y a deux manières principales pour faire les meringues moelleuses :

1° Au sucre cuit;
2° A la glace de sucre.

PREMIÈRE MÉTHODE

Pour cette méthode, je vais traiter des meringues moelleuses au café, car ce sont celles qu'on préfère toujours. Pour les lectrices très au courant, la série de huit photos suffira avec ses brèves explications; elles s'éviteront ainsi les détails et les recommandations pourtant nécessaires pour les lectrices inexpérimentées et qui leur paraîtraient certainement fastidieux.

Les meringues moelleuses se cuisent sur une planche mouillée, il faudra donc tout d'abord s'en procurer une ne sentant pas le poisson ou les épices, ce qui pourrait arriver si on utilisait une planche de cuisine servant aux besoins ordinaires; il ne faut pas non plus se servir de la planche à pâtisserie, car son passage au four après avoir été mouillée la ferait gondoler et la rendrait inutilisable. Faites faire chez votre menuisier une planche de la dimension de votre four. Cette planche n'a pas besoin d'être épaisse, deux centimètres suffisent grandement. Cette planche ayant besoin d'être très mouillée, il faut commencer par là avant de faire les meringues.

Le bois qui convient le mieux est le teck, car il a la propriété de ne jamais travailler en séchant après avoir été mouillé.

Ne jamais employer de sapin, car son odeur résineuse se communiquerait aux petits fours.

Il n'y a pas de règles particulières à observer pour mouiller la planche, on peut la faire tremper dans un baquet ou une bassine d'eau en la retournant de temps en temps si elle ne baigne pas entièrement. On peut aussi la mouiller à plusieurs reprises sous le robinet ou la pompe de l'évier.

Je vous donne ci-dessous les proportions de la dose la plus facile à réussir. Cette dose donne quatre assiettes environ de meringues, vous pourrez la diminuer ou l'augmenter à vos besoins en retenant bien les proportions toutefois.

Ces proportions sont les meilleures à mon avis, car on réussit mieux trois blancs montés que deux, et c'est là tout l'essentiel.

PROPORTIONS :

300 grammes de sucre en morceaux;
3 décilitres d'eau fraîche;
3 blancs d'œufs battus très fermes;
150 grammes de sucre glace;
3 cuillerées à café d'essence de café très forte.

PROCÉDÉ. — Mettez le sucre en morceaux dans un poêlon en cuivre rouge non étamé et arrosez-le avec les trois décilitres d'eau très fraîche. Laissez-le fondre un peu sur le côté du fourneau et activez-en la fonte en l'écrasant avec une fourchette. Quand il sera bien fondu, mettez le poêlon sur le feu et lavez-en les parois; pendant que le sucre cuit, clarifiez soigneusement les trois blancs d'œufs et mettez-les dans une bassine en cuivre rouge non étamée bien astiquée et bien rincée à grande eau claire. Aussitôt que le sucre aura commencé à bien bouillir, vous pouvez fouetter les blancs d'œufs avec un fouet en fil de fer très propre.

Il est bon d'être à deux personnes pour conduire ces opérations qui doivent être simultanées. Le sucre glace aura été pesé et tamisé sur une feuille de papier pour être tout prêt au mélange; on aura préparé aussi une spatule et le flacon d'essence de café.

Quand les blancs seront très fermes et que le sucre sera cuit au boulé, vous verserez le sucre dans les blancs en un mince filet en tournant vigoureusement au fouet. Il faut avoir soin de verser bien au milieu de la bassine et de remuer au fouet bien au fond de celle-ci pour que le sucre n'y reste pas sans se mélanger. Quand on a ainsi mélangé la moitié du sucre, on peut verser un peu plus vite. Aussitôt que tout le sucre est mélangé, on retire le fouet aussi vivement que possible et on mélange, à la spatule, le sucre glace qui aura été tamisé d'avance; en même temps, versez les trois cuillerées d'essence de café et mélangez-les. Il vaut mieux mélanger l'essence et le sucre glace ensemble pour ne pas trop ramollir l'appareil, ce qui arriverait forcément si on le travaillait trop pour ces divers mélanges. La couleur devra être juste à point si l'essence de café est bien concentrée, ce qui ne peut manquer si vous avez choisi une bonne marque. Si la couleur de l'appareil était un peu pâle, il serait bon d'ajouter un peu d'essence de café pour la foncer un peu. En somme, chacun pourra les faire plus ou moins colorées et parfumées suivant son goût.

Égouttez la planche en la mettant debout sur l'évier pour que le trop-plein d'eau puisse s'écouler. Pendant ce temps, garnissez une grande poche munie d'une douille unie avec l'appareil à meringues. Recouvrez la planche mouillée d'une feuille de papier blanc d'office d'épaisseur moyenne et bien tendue pour qu'elle ne fasse pas de plis qui déformeraient les meringues. Dressez ensuite les meringues de moyenne grosseur et de forme ovale. On prend généralement une douille de 7 à 8 millimètres de diamètre et on dresse les meringues de 3 centimètres et demi de longueur et de 2 centimètres environ de largeur.

On arrive à ce résultat en poussant un peu sur la poche et en ne retirant pas la douille en arrière au fur et à mesure que sort l'appareil de la douille.

Les meringues étant dressées, il faut les passer environ 5 minutes *à four excessivement doux et ouvert*, car *les meringues doivent juste croûter et non cuire*. Au bout de trois minutes, on retire la planche du four pour la changer de bout et mettre au fond le côté qui était à l'entrée. On essaie ensuite d'enlever une meringue, *ce qu'il faut faire très délicatement*, car les meringues sont très fragiles quel que soit leur point de cuisson.

On voit du reste qu'elles sont assez cuites quand elles se soulèvent légèrement sur les bords de la planche ou que celles qui sont aux bords de la planche se fendent sur le dessus. A ce moment on sort la planche du four et on les laisse reposer une minute ou deux.

On procède ensuite au collage des meringues. On les enlève délicatement une de chaque main et on les colle deux à deux. Il faut, pour ne pas les casser, les prendre dans le sens de la longueur et non en travers, car elles sont toujours un peu plus fermes aux deux extrémités qu'au milieu de chacune où elles sont toujours plus fragiles. Les meringues étant ainsi collées deux à deux, il ne reste plus qu'à les ranger en assiettes garnies d'une dentelle.

DEUXIÈME MÉTHODE

A la glace de sucre. — On peut encore faire des meringues au sucre glace, mais si j'ai donné tout d'abord la méthode au sucre cuit, c'est parce que j'estime que c'est celle qui donne les meilleurs résultats quoique étant plutôt plus difficile à faire que celles au sucre glace.

PROPORTIONS :

300 grammes de sucre glace d'une part;
150 grammes de sucre glace d'autre part;
3 blancs d'œufs montés très fermes;
Essence de café.

PROCÉDÉ. — Mettez les 300 grammes de sucre glace dans une terrine et délayez-les avec de l'essence de café pour en faire une pâte de consistance de crème épaisse.

Battez les trois blancs d'œufs en neige et mélangez-les délicatement, c'est-à-dire sans les affaisser, l'appareil détrempé dans la terrine; mélangez pour finir les 150 grammes de glace de sucre tamisés sur un papier.

Dressez et cuisez comme il a été indiqué plus haut.

Il peut se faire qu'en détrempant entièrement la glace de sucre avec de l'essence concentrée de café, les meringues soient trop noires et trop fortes en café. Dans le cas où on emploierait de cette essence concentrée qu'on trouve couramment dans le commerce, il serait bon de détremper la glace de sucre avec moitié eau et moitié essence de café.

Avec cette recette on peut, plutôt que dans la précédente, employer une essence de café qu'on fait soi-même en versant sur 100 grammes de café en poudre, suffisamment d'eau bouillante (environ deux décilitres) pour obtenir un décilitre de café très fort pour détremper la glace de sucre.

Je pense être agréable à mes lectrices en leur donnant les proportions des meringues pour une plus petite dose, peut-être mieux à la portée de leurs besoins.

PROPORTIONS :

1° *Au sucre cuit.*

2 blancs d'œufs battus en neige;
200 grammes de sucre en morceaux;
100 — de sucre glace;
2 cuillerées à café d'essence de café concentré.

2° *Au sucre glace.*

200 grammes de sucre glace dans une terrine, délayé avec de l'essence de café;
2 blancs d'œufs très fermes;
100 grammes de sucre glace tamisé.

Les meringues ne sont pas des petits fours de longue conservation, car elles sèchent assez rapidement, encore qu'on les mettrait dans une boîte de fer-blanc.

Je vous répète que les meringues sont toujours très fragiles et qu'il ne faut pas croire pour cela que la recette en est mauvaise; il faut prendre énormément de précautions pour les décoller et les ranger ensuite sur assiettes garnies de dentelle.

VINGT-HUITIÈME LEÇON

Meringues Moelleuses à la Framboise

Les meringues moelleuses aux jus de fruits ne se font guère qu'au sucre glace, car l'addition de jus de fruit dans la meringue au sucre cuit aurait pour effet de trop ramollir celle-ci et de la rendre inutilisable; en effet, les meringues, déjà plates avant de les mettre au four, s'aplatiraient encore à la cuisson et ne seraient pas présentables.

Il est vrai qu'on pourrait parfumer la meringue avec une essence de framboises concentrée naturelle ou artificielle; mais à l'époque de l'année où on a des framboises fraîches, j'estime qu'il vaut mieux employer le jus du fruit que de l'essence. Pendant l'hiver, on pourra encore employer le jus de fruit conservé en bouteilles par simple ébullition. Le résultat est toujours préférable et le parfum plus naturel et surtout beaucoup plus fin que celui de l'essence, si bonne soit-elle.

PROPORTIONS :

300 grammes de sucre glace mouillé avec du jus de framboises;

150 grammes de sucre glace additionnel;

3 blancs d'œufs battus en neige très ferme.

PROCÉDÉ. — Pesez 300 grammes de sucre glace dans une terrine et mouillez-le avec du jus de framboises que vous obtiendrez en écrasant des framboises et en les pressant dans une serviette. Pesez et tamisez sur un papier 150 grammes de sucre glace.

Clarifiez trois blancs d'œufs dans une bassine en cuivre rouge non étamée et fouettez-les en neige très ferme.

Mélangez d'abord, au sucre détrempé qui devra avoir la consistance d'une crème épaisse, une petite partie de blancs d'œufs pour ne pas amollir le tout, puis terminez en mélangeant délicatement à la spatule le reste des blancs d'œufs et de glace de sucre, juste assez pour ne pas les affaisser.

Garnissez une poche avec cet appareil et dressez-les sur une planche mouillée garnie de papier comme il a été dit dans la dernière leçon de ce cours pour les meringues moelleuses au café.

Avec le même appareil, vous pouvez faire des meringues sèches en les dressant et en les cuisant sur des plaques cirées ou beurrées et farinées. Ces meringues peuvent se dresser de forme ronde à la douille cannelée ou encore en forme de doigts à la douille unie d'environ un centimètre de diamètre.

De toute façon, on cuit les meringues à four très doux et en ayant soin de bien tourner la planche ou la plaque en tous sens pour que les meringues soient également cuites partout.

On voit que les meringues moelleuses sont cuites quand on peut les enlever de sûr la planche sans les casser.

Pour les meringues sèches, on voit qu'elles sont cuites quand elles sont bien soulevées pour former un pied. On sort alors la plaque du four et on les laisse un peu refroidir, puis on tape sur le bord de la plaque avec le dos d'un grand couteau ou tout autre instrument; on doit voir les meringues se décoller et il ne reste plus qu'à les enlever délicatement sur une grille pour les y laisser refroidir.

Si on voit qu'elles s'affaissent et ne se décollent pas, c'est qu'elles ne sont pas suffisamment cuites et il faut les remettre un peu au four.

Il est impossible de donner un temps exact de cuisson, car il varie avec la chaleur du four; à titre d'indication, je vous annonce sept à neuf minutes de cuisson avec un four moyen.

Il ne serait pas impossible que dans le four d'une cuisinière les meringues sèches ou les doigts de dames (c'est ainsi qu'on appelle les meringues longues) ne cuisent pas suffisamment en dessous; dans ce cas, il faudrait poser la plaque un instant sur le côté du fourneau en la tournant souvent et sans la perdre de vue.

Les meringues moelleuses à la framboise se collent deux à deux comme celles au café.

MERINGUES MOELLEUSES A LA FRAISE. — Mêmes proportions et procédé que ci-dessus, mais remplacez le jus de framboises par du jus de fraises.

Se font, de même que les précédentes, en meringues sèches rondes ou en doigts de dames avec le même appareil.

MERINGUES MOELLEUSES AUX PÉTALES DE FLEURS D'ORANGER. — Les meringues aux pétales de fleurs d'oranger se font avec des pétales candis qu'on trouve dans les bonnes maisons de confiserie. On pourrait aussi les faire avec des pétales frais de fleurs d'oranger qu'on mettrait au sirop quelques jours avant et qu'on égoutterait quelques heures avant de s'en servir.

PROPORTIONS :

300 grammes de sucre en morceaux;
3 blancs d'œufs battus en neige très ferme;
100 grammes de sucre glace;
100 grammes de pétales de fleurs d'oranger.

PROCÉDÉ. — Pesez le sucre en morceaux, mettez-le dans un poêlon et mouillez-le avec 3 décilitres d'eau fraîche, placez-le sur le feu et cuisez-le au gros boulé.

Clarifiez trois blancs d'œufs dans une bassine en cuivre rouge non étamée et fouettez-les en neige très ferme.

Hachez finement les pétales de fleurs d'oranger candis et mélangez-les aux 100 grammes de sucre que vous aurez tamisé sur un papier.

Quand le sucre sera cuit et que les blancs d'œufs seront bien fermes, versez le sucre petit à petit dans les blancs en remuant vigoureusement au fouet. Mélangez délicatement à la spatule le sucre glace et les pétales de fleurs d'oranger.

Dressez cet appareil de même que les meringues au café, soit sur planche mouillée ou sur plaques cirées ou beurrées et farinées suivant que vous voudrez faire des meringues moelleuses ou des meringues sèches. Cuisez et décollez de même.

MERINGUES MOELLEUSES A LA VANILLE

PROPORTIONS :

300 grammes de sucre en morceaux;
3 décilitres d'eau fraîche;
1/2 gousse de vanille;
3 blancs d'œufs battus en neige très ferme;
100 grammes de sucre glace.

PROCÉDÉ. — Le procédé est le même pour les meringues à la vanille que pour celles au café.

MERINGUES A LA PISTACHE

PROPORTIONS :

300 grammes de sucre en morceaux;
3 décilitres d'eau fraîche;
50 grammes de pistaches;
1 verre à liqueur de kirsch;
3 blancs d'œufs battus en neige très ferme;
150 grammes de sucre glace.

PROCÉDÉ. — Mouillez et cuisez le sucre comme pour les autres meringues; pilez les pistaches mondées avec le kirsch et relevez-les dans un bol; il faut que les pistaches fassent une pâte très fine.

Battez les blancs d'œufs et mélangez-y le sucre cuit au boulé puis les pistaches pilées et enfin le sucre glace que vous aurez tamisé sur un papier. Si la pâte est d'un vert trop faible, relevez-la avec une pointe de vert végétal en pâte ou liquide.

Dressez-les et cuisez-les comme les autres meringues.

MERINGUES AU CHOCOLAT

PROPORTIONS :

300 grammes de sucre en morceaux;
3 blancs d'œufs battus en neige très ferme;
100 grammes de cacao en tablettes;
125 grammes de sucre glace.

PROCÉDÉ. — Mouillez et cuisez le sucre au boulé comme il a été dit pour les meringues au café. Pesez et tamisez le sucre glace sur un papier. Mettez le cacao à fondre dans un bol à chaleur douce. Battez ensuite les blancs d'œufs en neige très ferme, mélangez d'abord le sucre cuit, puis le cacao et le sucre glace ensemble. Dressez et cuisez comme les autres meringues.

ROCHERS MERINGUÉS. — Il se fait de délicieux rochers meringués ayant une très grande analogie avec les meringues ordinaires dont les recettes ont été données ci-dessus. Ce sont de délicieux petits fours justement appréciés, et je pense bien faire en vous donnant la recette ici même à la suite des meringues.

A toutes les recettes données ci-dessus, ajoutez en dernier au mélange 150 grammes d'amandes effilées et grillées pour les proportions données ci-dessus. Les rochers se dressent à la cuiller sur des plaques beurrées et farinées en petits tas aussi irréguliers que possible. Pour les dresser, on prend avec une cuiller à potage un peu de l'appareil et on le fait tomber avec le doigt sur la plaque. Les rochers se cuisent, comme les meringues sèches, à four très doux; on les décolle aussi par le même procédé.

LE MARIGNAN

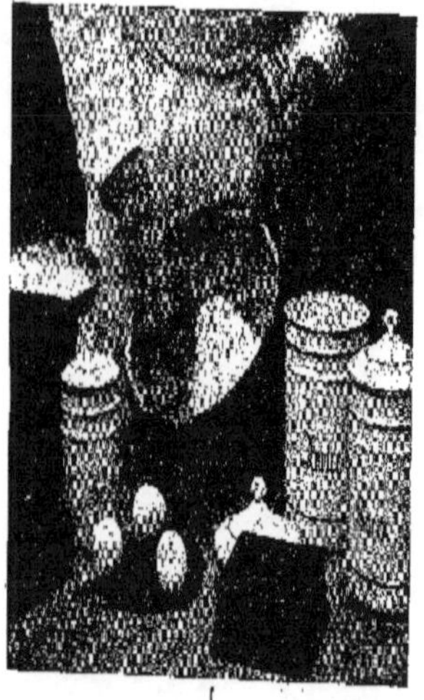

I

VI

Comment se f[ait] le Marignan

I. — Préparez de la pâte à Savarin avec 200 grammes de farine, 3 œufs, 1/2 décilitre de lait, 20 grammes de sucre, 4 grammes de sel, 15 grammes de levure de grains et 100 grammes de beurre fin fondu.

II. — Garnissez avec cette pâte un moule carré (préalablement beurré) à moitié de sa hauteur, laissez lever et cuisez 35 minutes à four doux.

III. — Préparez un sirop de sucre avec 375 grammes de sucre et 1/2 litre d'eau. Ajoutez, une fois le sirop un peu refroidi, 1 décilitre de rhum.

IV. — Trempez le Marignan et arrosez-le de rhum pur pour bien le parfumer.

V. — Mettez 150 grammes de sucre dans un poêlon, mouillez-le à hauteur avec de l'eau, ajoutez 1/2 gousse de vanille; cuisez-le au boulé en lavant fréquemment les parois du poêlon avec la main trempée dans l'eau fraîche.

VI. — Versez le sucre cuit au boulé sur 3 blancs d'œufs fouettés en neige très ferme en remuant vigoureusement au fouet. Retirez la 1/2 gousse de vanille.

VII. — Enlevez une mince couche sur le Marignan, coupez-la en 4 triangles, garnissez en dôme avec la meringue, rangez les triangles tout autour et décorez le dessus avec le reste de la meringue mise dans une poche munie d'une douille cannelée.

VIII. — Le Marignan terminé.

II

VII

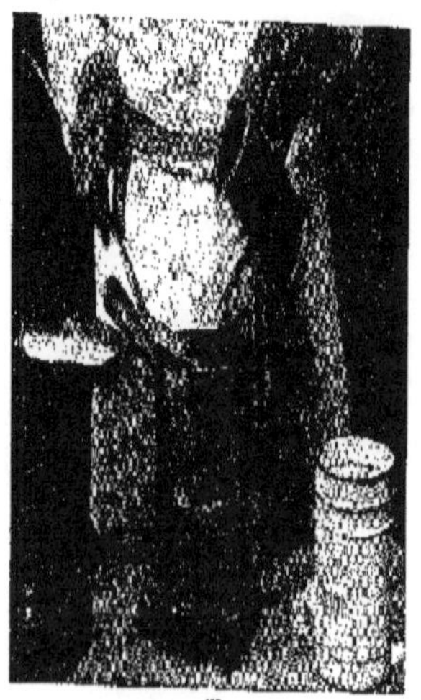

III

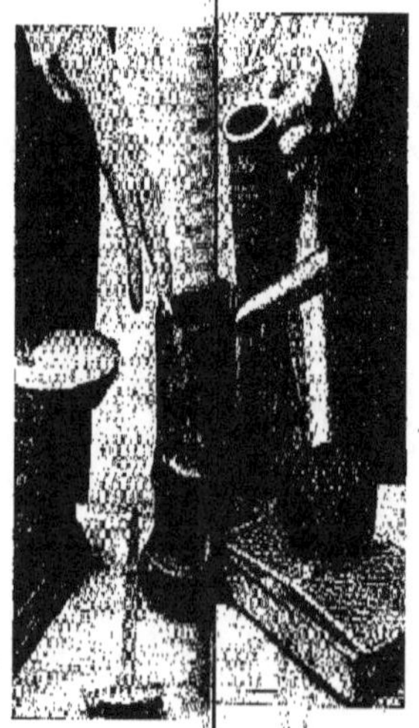

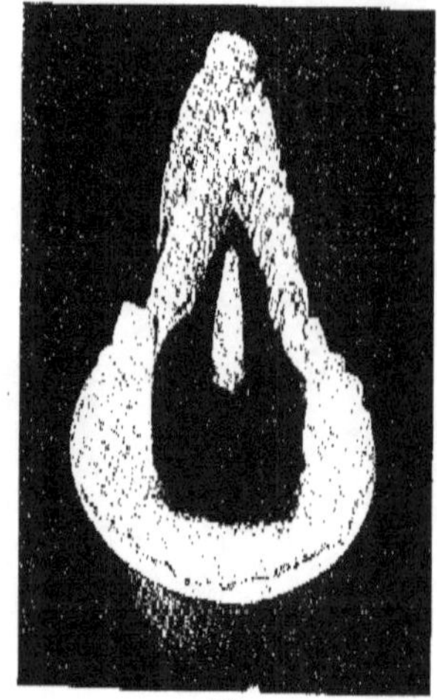

VIII

VINGT-NEUVIEME LEÇON

Le Marignan

LE MARIGNAN (SAVARIN A LA CRÈME). — La confection du marignan peut se décomposer en 4 opérations principales qui sont :

1° La confection de la pâte à savarin;
2° Le trempage du Marignan;
3° La confection de la crème meringuée;
4° Le décor du Marignan.

1° *La confection de la pâte.* — Je vais vous résumer en quelques mots les principales opérations de cette préparation.

PROPORTIONS POUR UN MARIGNAN MOYEN :

200 grammes de farine de gruau;
3 œufs entiers;
1/2 décilitre de lait;
20 grammes de sucre en poudre;
4 — de sel fin;
15 — de levure de grains ou 2 cuillerées à soupe de levure de bière;
100 grammes de beurre fin fondu.

PROCÉDÉ. — Tamisez la farine, mettez-en le quart dans une terrine et délayez la levure avec le lait tiède. Avec ce mélange, détrempez la farine pour faire une pâte mollette qui prendra le nom de levain. Sur cette pâte, versez le reste de la farine et placez la terrine dans un endroit doux, et évitez surtout les courants d'air qui saisiraient le levain et l'empêcheraient de pousser.

On dit qu'une pâte pousse, en pâtisserie, quand elle lève par suite de la fermentation produite par l'addition de levure.

Il faut environ un quart d'heure en été pour que le levain pousse. On voit qu'il l'est quand la farine qui le recouvre est fendillée sur le dessus. A ce moment, on ajoute les œufs cassés et le restant de lait s'il y en a, et on travaille la pâte jusqu'à ce qu'elle soit devenue lisse et ait pris du corps. On la met de nouveau à lever en lieu tiède, puis on mélange le beurre fondu dans lequel on a mélangé le sel et le sucre.

La pâte à savarin est alors prête à mouler, autrement dit à mettre en moules.

La photo n° 2 montre comment on doit garnir de pâte un moule carré préalablement beurré. Il faut l'emplir à moitié de pâte et le laisser lever en lieu tempéré. Quand la pâte est arrivée à hauteur du moule, on procède à la cuisson du marignan. Cette cuisson doit se faire à four moyen, elle demande environ 35 minutes. On voit que le Marignan est cuit lorsqu'il a une belle couleur blonde et qu'on sent une bonne résistance en appuyant la main au milieu. Il faut alors le démouler et le laisser un peu refroidir sur une grille avant de le tremper.

Pendant que le Marignan refroidit, on prépare le sirop nécessaire au trempage. Ce sirop doit peser environ 18 degrés au pèse-sirop. Les personnes n'ayant pas de pèse-sirop et ne pouvant s'en procurer, pourront préparer le sirop en mettant dans un poêlon 375 grammes de sucre cristallisé ou en morceaux avec 1/2 litre d'eau. On place le poêlon sur le feu et, au premier bouillon, on l'écume et on l'enlève de sur le feu, il doit avoir le degré voulu à peu de chose près. On le laisse alors un peu refroidir et on ajoute un bon décilitre de rhum avant de tremper le Marignan.

2° *Le trempage du Marignan.* — C'est cette opération qui est représentée à la photo n° 4. On attend que le sirop ne soit plus que chaud et non bouillant, puis on met le Marignan dans le poêlon contenant le sirop. Avec une écumoire on le fait bien tremper pour qu'il soit entièrement recouvert et s'imbibe bien partout. On glisse alors l'écumoire en dessous, puis on enlève le Marignan et on le met à égoutter sur une grille placée au-dessus d'un plat destiné à recevoir le sirop qui s'égoutte. On s'assure à nouveau qu'il est bien imbibé jusqu'au milieu et, si besoin est, on l'arrose avec le sirop jusqu'à ce qu'il soit bien trempé. On l'arrose, pour finir, avec un peu de rhum pur, pour qu'il soit bien parfumé. Il faut le laisser égoutter au moins 20 minutes avant de le garnir de crème.

3° *Confection de la crème meringuée.* — Cette crème meringuée se tient mieux que la crème Chantilly et permet, *surtout par les chaleurs*, de faire le Marignan le matin pour le servir le soir, ce qu'on ne peut faire avec la crème Chantilly.

PROPORTIONS :

3 blancs d'œufs battus en neige très ferme;
150 grammes de sucre cuit au boulé;
1/2 gousse de vanille.

PROCÉDÉ. — J'ai déjà décrit tout au long, dans l'avant-dernière leçon de ce cours, le mode de préparation de la meringue; il reste le même, les proportions seules varient. On mouille le sucre en morceaux à hauteur avec de l'eau dans un poêlon en cuivre rouge non étamé, on le laisse fondre, on l'écrase, on y met la vanille, puis on le met sur le feu. Quand il bout, on l'écume et on le lave en trempant la main dans l'eau fraîche, comme le montre la photo n° 5.

Pendant ce temps, une deuxième personne bat les blancs d'œufs en neige très ferme. Quand le sucre est cuit au boulé, on le verse (après avoir retiré la 1/2 gousse de vanille) doucement sur les blancs d'œufs en remuant vigoureusement au fouet (Voir la photo n° 6). La meringue est alors prête.

4° *Garnir et décorer le Marignan.* — On commence par abricoter le Marignan avec de la marmelade d'abricots fine et un peu réduite pour lui donner du brillant.

Avec un couteau mince, on enlève alors une mince couche de trois millimètres d'épaisseur sur le dessus du Marignan et on coupe le carré ainsi obtenu en quatre triangles par deux coups de couteau allant d'un coin à l'autre.

On garnit le milieu du Marignan en dôme avec la crème meringuée, on lisse ce dôme au couteau et on dispose tout autour de ce dôme les 4 triangles, la base en bas et la pointe en haut. On garnit alors une poche munie d'une grosse douille cannelée avec le reste de la meringue et on garnit l'espace resté libre entre les côtés des triangles d'un gros décor ayant l'aspect d'une branche d'étoile, comme le montre la photo n° 7. On fait ensuite une rosace sur le dessus de ces 4 branches d'étoile, et au milieu de chaque triangle, on fait suivant la grosseur une fleur de lys ou une grosse larme. La photo n° 8 montre le Marignan terminé.

LES AMANDINES

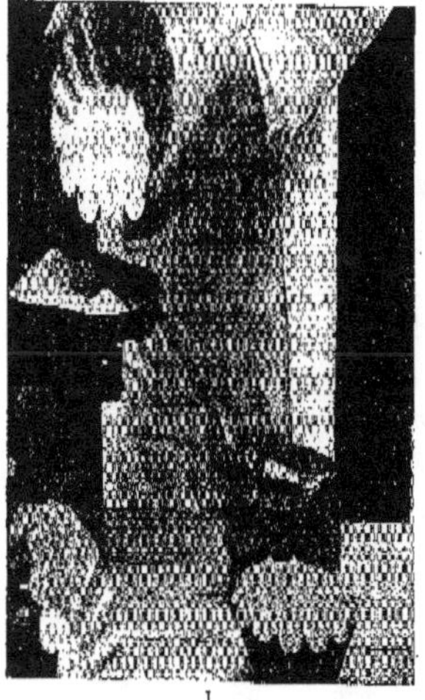

I

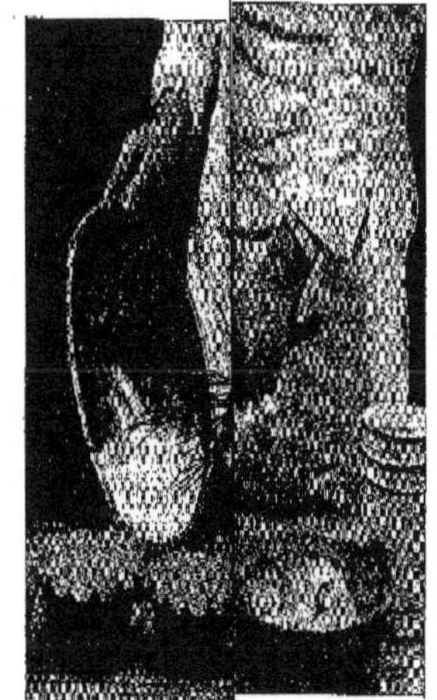

I

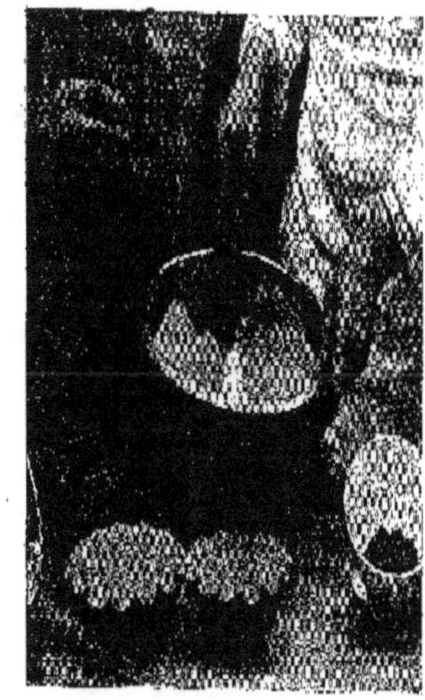

VI

II

Comment se fon les Amandines

I. — Beurrez grassement au beurre en pommade trois moules à côtes de forme évasée; passez-les dans les amandes hachées fines.

II. — Pesez 350 grammes de sucre en poudre dans une bassine en cuivre rouge, cassez 7 œufs dans cette bassine, clarifiez 5 œufs, mettez les jaunes dans la bassine et réservez les blancs dans un bol.

III. — Battez l'appareil au fouet et à feu doux jusqu'à ce qu'il soit devenu léger, mousseux et blanchâtre, ce qui demande 15 minutes environ.

IV. — Battez seulement 4 blancs en neige très ferme et réservez le 5e pour un autre usage.

V. — Mélangez les blancs à l'appareil délicatement et sans le faire retomber.

VI. — Mélangez délicatement 75 grammes de poudre d'amandes très fines et 250 grammes de farine tamisée sans faire retomber l'appareil. Mélangez pour finir 200 grammes de fruits confits macérés au rhum et 150 grammes de beurre fin fondu.

VII. — Garnissez aux 3/4 de leur hauteur les moules avec cet appareil et cuisez à four doux pendant une heure environ.

VIII. — Amandine terminée.

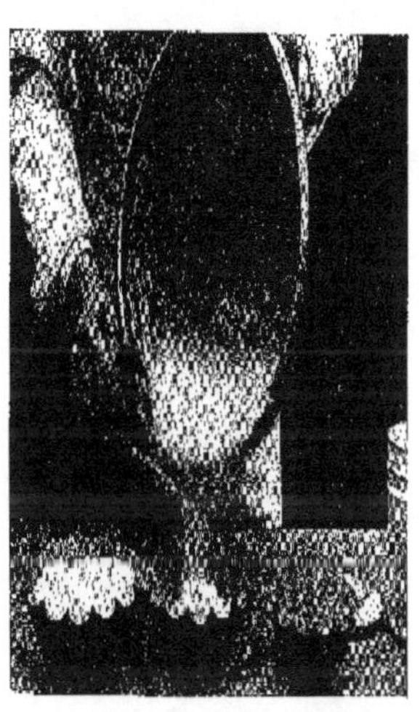

VII

III

V

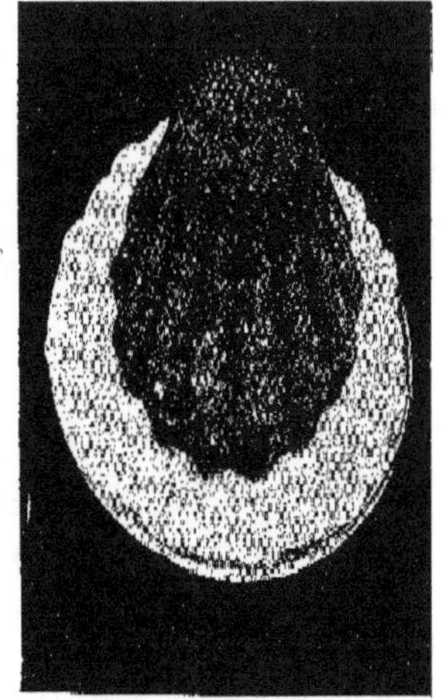

VIII

TRENTIÈME LEÇON

Les Amandines

DES GATEAUX SECS. — Ces gâteaux peuvent se servir soit avec une compote de fruits, soit avec des confitures, une crème Chantilly ou une crème cuite, ou encore avec le thé qui de plus en plus s'impose, même dans les classes moyennes de la société.

Avant de vous donner les recettes de quelques-uns de ces gâteaux secs, je dois vous prévenir que leur cuisson est des plus délicates et qu'il faut, pour les réussir, disposer d'un four tout à fait doux, car les pâtes de ces gâteaux sont excessivement légères et demandent un long temps de cuisson dans un four excessivement modéré, sans coup de feu; de plus, la chaleur doit être bien soutenue et ne doit pas aller en décroissant, car les gâteaux risqueraient fort de retomber et d'être plats comme des galettes et lourds comme des plombs au lieu d'être légers et d'avoir une pâte mousseline et moelleuse.

Je commencerai par le gâteau Amandine; mes lectrices pourront consulter les huit photos qui en montrent les diverses phases de la fabrication.

PROPORTIONS POUR TROIS AMANDINES DE TAILLE MOYENNE :

Sucre en poudre	350	grammes.
Œufs entiers	7	
Jaunes d'œufs	5	
Blancs d'œufs battus en neige	4	
Amandes en poudre fine	75	grammes.
Fruits confits	200	—
Farine tamisée	250	—
Beurre fin fondu	150	—
Rhum	2 petits verres à liqueur.	

PROCÉDÉ. — Pesez les 350 grammes de sucre en poudre et mettez-les dans une bassine en cuivre rouge non étamée et très propre. Le sucre cristallisé convient aussi bien que le sucre en poudre pour cette préparation, car il a largement le temps de fondre pendant qu'on monte l'appareil.

Cassez sur le sucre 7 œufs très frais et flairés minutieusement, un par un, dans un bol, avant de les mettre dans la bassine. Cette précaution est à recommander plus que jamais, car certains producteurs ou marchands peu scrupuleux ne s'empressent pas de livrer les œufs à la consommation, surtout pendant les périodes où les œufs augmentent de prix de semaine en semaine.

Clarifiez ensuite 5 œufs, toujours un par un, dans un bol, et mettez les 5 jaunes dans la bassine avec le reste de l'appareil. Réservez les blancs d'œufs à part dans un bol, car il vaut mieux ne les mettre dans la bassine qu'au moment de les battre en neige, pour qu'ils ne forment pas vert-de-gris par un contact prolongé avec le cuivre de la bassine.

Préparez 75 grammes de poudre d'amandes très fine, soit à la râpe cylindrique à fromage (voir fig. 1), soit en les pilant au mortier et en les passant au tamis. Réservez cette poudre sur un papier d'office.

Pesez 150 grammes de bon beurre fin et mettez-le à fondre dans une casserole, sur le côté du fourneau, en sorte qu'il ne chauffe pas trop et garde son bon goût de beurre frais.

Pesez 250 grammes de farine de gruau, faites-la sécher à l'entrée du four si elle est humide et tamisez-la sur un papier. Il est indispensable de prendre cette précaution quand la farine est humide, car autrement, même après avoir été tamisée, elle se mélangerait mal et reformerait des grumeaux qui resteraient entiers dans la pâte et sont du plus mauvais effet quand on coupe le gâteau, sans compter que cette farine, non mélangée intimement à la pâte, manque à l'appareil, ce qui le rend trop léger et produit un affaissement désastreux aux trois quarts de la cuisson du gâteau.

Pesez ensuite les fruits confits en les assortissant du mieux possible comme goût et couleur; coupez-les en dés minuscules et mettez-les dans un bol en les arrosant avec deux verres à liqueur de bon rhum très parfumé; remuez-les avec une cuiller pour qu'ils se décollent entre eux et s'imbibent le plus possible. Si même vous pouvez les mettre à macérer la veille, cela n'en vaudra que mieux, mais ce n'est pas indispensable, et de plus on ne sait pas toujours la veille qu'on aura besoin de faire un gâteau le lendemain.

Tous ces préparatifs étant faits, il est bon de procéder à la préparation des moules; la forme qui convient le mieux pour les Amandines est le moule évasé, rond et à côtes qu'on emploie couramment pour les brioches à tête (voir fig. 2). Ces moules seront convenablement essuyés puis beurrés grassement avec *du beurre en pommade* et non du beurre fondu qui n'aurait pas suffisamment d'adhérence pour retenir les amandes hachées qui doivent chemiser le moule. Le procédé de beurrer au beurre en pommade a encore un autre avantage, c'est celui de montrer très apparemment la partie beurrée, ainsi on évite de beurrer insuffisamment les moules par endroits, ce qui est très désagréable et peut se produire très facilement quand on beurre les moules au beurre fondu, car on voit à peine la partie beurrée. A qui n'est-il pas arrivé d'avoir un joli gâteau parfaitement réussi, cuit et doré à point, et de ne pas

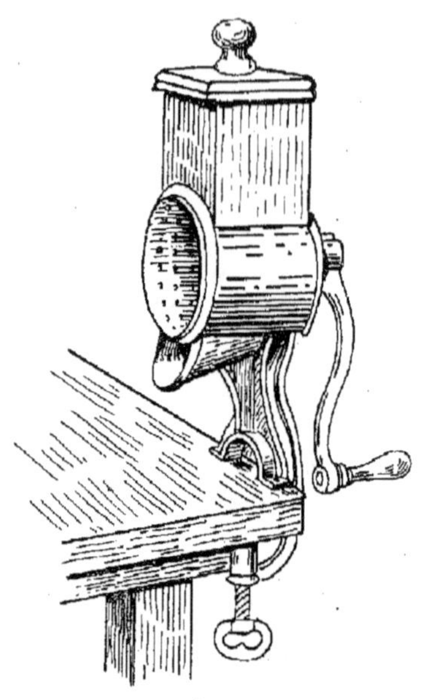

Fig. 1.

pouvoir le sortir du moule, parce que celui-ci était mal beurré? Vous éviterez ce fâcheux inconvénient en beurrant vos moules avec du beurre en pommade et en apportant un peu d'attention pour que toutes les parties soient convenablement beurrées. Vous m'excuserez de vous faire une recommandation aussi élémentaire qu'on ne devrait pas voir figurer dans un cours moyen de pâtisserie, mais d'une part, les lettres qui m'ont été adressées et où mes lectrices déploraient de n'avoir pu démouler certains gâteaux faits par elles et parfaitement réussis, et d'autre part la grande fragilité du gâteau Amandine justifient suffisamment les quelques conseils et observations que je vous fais plus haut. Quand votre moule aura été enduit de beurre en pommade, passez-le dans les amandes hachées et secouez-le légèrement pour que celles-ci adhèrent bien partout et chemisent complètement les parois du moule, retournez ensuite le moule et tapotez-le doucement pour faire tomber le surplus des amandes. Tenez-les sens dessus dessous sur la table pour éviter que des impuretés ou de la poussière puissent y tomber (cette précaution est toujours bonne à prendre). J'ai dit plus haut que les proportions indiquées donnaient environ trois gâteaux de taille moyenne; il va sans dire que vous pouvez, selon vos besoins, augmenter ou diminuer ces proportions, et que dans ce cas, vous beurrez le nombre de moules juste nécessaires pour l'emploi de la quantité de pâte à Amandines que vous préparez.

Ceci étant prêt, vous commencerez à battre l'appareil contenu dans la bassine en vous servant d'un fouet en fil de fer. Certaines personnes pourraient demander pourquoi on ne beurre pas les moules avant de casser les œufs et de mettre les jaunes d'œufs et le sucre dans la bassine. C'est tout simplement pour que le sucre commence à fondre pour le cas où l'on emploie du sucre cristallisé; si l'on emploie du sucre semoule ou du sucre en poudre, cette précaution est inutile, et on peut commencer par la préparation des moules.

Pour monter l'appareil à Amandines, on procède exactement comme pour monter la génoise, on se place soit sur le côté du fourneau ou sur une plaque à rôtir ronde ou encore une sauteuse contenant de l'eau bouillante. On fouette vigoureusement l'appareil en le soulevant bien, et de temps en temps, on se rend compte du degré de chaleur en y mettant le doigt. Aussitôt que l'appareil est tiède, on s'éloigne de la chaleur et on continue à battre jusqu'à ce que la masse soit devenue légère, mousseuse, blanchâtre, et ait pris une certaine consistance qui fait qu'en élevant le fouet au-dessus de l'appareil, celui qui est adhérent au fouet tombe en formant un ruban qui se replie sur lui-même au contact de la pâte contenue dans la bassine.

Quand l'appareil est ainsi prêt, on le laisse en repos et on met dans une seconde bassine 4 *blancs d'œufs seulement* sur les cinq qui ont été réservés quand on a clarifié les 5 œufs au début de l'opération; le cinquième blanc d'œuf sera réservé pour un autre usage. On met, dis-je, les 4 blancs d'œufs dans une bassine et on les bat en neige très ferme. Quand on peut être deux personnes, cela vaut mieux, car on conduit les deux opérations simultanément, en sorte que les blancs d'œufs et l'appareil soient prêts en même temps. Pour le mélange, il est aussi préférable d'être deux, car l'opération est beaucoup plus facile que seul et le mélange est toujours mieux fait.

On commence par mélanger doucement et légèrement et à la spatule les blancs d'œufs à l'autre appareil, comme le montre la photo nº 5. On mélange ensuite la poudre d'amandes, puis la farine tamisée; il faut prendre grand soin, quand on mélange ces divers produits, de bien passer la spatule au fond de la bassine, car il arrive très fréquemment que ces produits tombent au fond de la bassine et ne se mélangent pas au reste de l'appareil. Il sera donc bon de s'assurer, pendant le mélange, que cette malfaçon ne se produit pas.

Quand farine et poudre d'amandes sont intimement mélangées à l'appareil, on verse dans la casserole à beurre le contenu du bol aux fruits confits, soit les fruits et le rhum, et on termine le mélange délicatement en s'assurant, de même que précédemment, que celui-ci ne tombe pas au fond de la bassine. La photo nº 6 montre l'opération au moment où l'on mélange la farine.

Il ne reste plus ensuite qu'à garnir les moules aux 3/4 de leur hauteur en versant l'appareil avec la bassine comme le montre la photo nº 7, pour éviter de faire retomber l'appareil en le travaillant trop, soit avec la corne à pâtisserie ou une cuiller spéciale. Il ne reste plus alors qu'à procéder à la cuisson des Amandines, mais, comme je le disais précédemment, ce n'est pas l'opération la moins délicate, *au contraire.*

Le four qui convient le mieux à cette cuisson est le four de boulanger en ne l'utilisant que cinq heures *au moins* après la dernière fournée de pain terminée, car *il faut un four excessivement doux, plus doux encore que pour la cuisson des biscuits de Savoie*, l'appareil étant plus léger encore.

J'ai vu certaines cuisinières réussir à merveille la cuisson des biscuits de Savoie dans un four de fourneau de cuisine; je vous assure que c'est là une opération très difficultueuse et je vous avoue que moi-même, après vingt-deux années de pratique dans le métier, je serais très embarrassé d'en faire autant, parce que j'ai toujours eu à ma disposition des fours à pâtisserie spécialement construits pour nos besoins et qui nous permettent à la fois de cuire des gâteaux exigeant une très forte chaleur et d'autres demandant une température excessivement douce; ces fours sont à deux ou trois étages ayant chacun une chaleur différente, ce qui permet de mettre le gâteau à forte chaleur au début de la cuisson, de le passer à chaleur moyenne juste au moment voulu, et de terminer la cuisson à chaleur tout à fait douce si besoin est.

Fig. 2.

Les Amandines demandent environ une heure de cuisson, ce qui veut dire que celle-ci doit être très douce et que, pendant ce temps, la chaleur doit être constante. Avec un four de cuisinière, il faut déjà chauffer celui-ci, puis bien garnir le foyer et le couvrir pour qu'il tienne la chaleur pendant au moins une heure un quart, puis ouvrir le four pour qu'il refroidisse un peu et enfourner les Amandines juste au moment voulu. Pendant la cuisson, qui devra être surveillée de très près, il convient de tourner les gâteaux en tous sens, en sorte qu'ils colorent également de tous côtés; si vous voyez qu'ils prennent trop vite une couleur brun clair, c'est que le four est trop chaud, il faudrait alors les couvrir d'un papier humide et laisser le four entr'ouvert. Les Amandines ne doivent guère commencer à colorer que 10 à 15 minutes après leur entrée au four. On juge que les Amandines sont assez cuites d'abord d'après le temps de cuisson, puis à la couleur; on appuie doucement la main au milieu et on doit sentir une légère résistance; si le dessus du gâteau porte la trace des doigts, c'est qu'il n'est pas suffisamment cuit, il convient de le laisser encore quelques minutes. Il faut éviter de donner des chocs, si légers soient-ils, pendant la cuisson, car l'appareil si délicat des Amandines retomberait et cet accident serait irrémédiable.

Reste à déterminer comment on doit enfourner les Amandines. Certaines lectrices m'ont signalé ce fait, que les gâteaux cuits dans le four de leur cuisinière cuisaient bien sur le dessus et les côtés, mais restaient blancs en dessous; s'il en est ainsi, elles agiront sagement en mettant le gâteau au four à même celui-ci, c'est-à-dire sans interposer une tourtière entre le moule et le four. Celles dont le four cuit normalement, c'est-à-dire à la fois le dessus, le dessous et les côtés, devront mettre le moule sur une tourtière pendant toute la cuisson, et celles enfin qui m'ont signalé leur four comme brûlant le dessous de tous les gâteaux, agiront sagement en mettant deux tourtières sous chaque moule.

Quand les Amandines sont cuites, on les sort du four et on les démoule sur des grilles pour qu'elles refroidissent complètement. Il faut toujours mettre l'Amandine sur le côté le plus large, comme le montre la photo n° 8 de l'Amandine terminée.

En aucun cas ne mettez de papier dentelle sous une Amandine, ou ne posez pas celle-ci à même sur un plat ou une assiette avant qu'elle ne soit complètement refroidie.

L'Amandine ne doit jamais se manger chaude ou tiède, la pâte en est tellement légère et moelleuse qu'elle se couperait d'abord très mal et que le fait de la découper suffirait pour aplatir le gâteau et affaisser la pâte imparfaitement refroidie qui deviendrait lourde et compacte. On devra donc ne manger l'Amandine que le soir si elle a été cuite le matin, ou mieux encore, le lendemain à midi si elle a été cuite le soir.

Ce gâteau peut se conserver très frais une huitaine de jours, si on a le soin de l'envelopper de papier d'étain une fois qu'il est complètement refroidi.

La forme des moules n'est pas absolument indispensable et on peut faire les Amandines dans des moules ronds ou carrés à génoise, de forme plutôt basse. Je vous ai donné ici la forme qui convient le mieux pour obtenir un gâteau très moelleux et de longue conservation.

Termes employés en Cuisine

Beaucoup de lecteurs des livres de cuisine se sont plaints d'y trouver de nombreuses expressions dont le sens leur est totalement inconnu et qui ne sont comprises que par les professionnels ; c'est afin de combler cette lacune que nous donnons ci-dessous les principaux termes employés généralement en cuisine et en pâtisserie. *N. D. L. R.*

I. *Blanchir* des légumes, choux, pommes de terre, oignons, etc..., c'est les mettre à l'eau fraîche sur le feu, les amener à ébullition et les égoutter.
On blanchit aussi une volaille ou un ris de veau.

II. *Décanter.* — Transvaser un liquide au fond duquel il s'est fait un dépôt.

III. *Dégorger.* — Laisser tremper à l'eau froide une viande, un poisson, pour les débarrasser du sang ou impuretés qu'ils contiennent.

IV. *Foncer.* — Foncer une sauteuse ou une casserole pour braiser une volaille, une viande ou un poisson, c'est en garnir le fond de légumes et racines coupés en rondelles ou émincés : carottes, oignons, persil, thym et laurier.
Foncer un moule ou un cercle à tarte, c'est le garnir de pâte.

V. *Fonds.* — Cuisson d'un poisson, d'une volaille, d'une viande ou d'un gibier, avec les aromates et assaisonnements voulus. Les fonds sont surtout employés à la confection des sauces et veloutés.

VI. *Glacer.* — Recouvrir les viandes piquées et rôties d'un jus de viande, avec un pinceau.

VII. *Marquer.* — Déposer et arranger dans la casserole les objets qui doivent y cuire.

VIII. *Pocher.* — Mettre sur le feu une casserole remplie d'eau, y jeter du sel, placer œufs, poissons ou quenelles; les y laisser jusqu'à ce qu'ils soient bien cuits.

IX. *Plafond.* — Plaque de métal depuis la grandeur d'une assiette jusqu'à 40 ou 50 centimètres, avec un rebord formé d'un gros fil de fer; on en fait en tôle de fer et en cuivre. Ils servent à poser les pâtisseries pour les présenter au four.

X. *Salpicon.* — Garniture de tous éléments coupés en dés. Un salpicon peut être composé de plusieurs ou d'une seule garniture. On fait encore un salpicon de fruits confits.

XI. *Travailler.* — Travailler une pâte, c'est la rendre légère en la battant, soit à la spatule dans une terrine, soit au pilon dans un mortier.

XII. *Bain-marie.* — Chauffer certains aliments sans les exposer à des coups de feu. Elle consiste à plonger les vases qui les contiennent dans de l'eau que l'on chauffe directement.

XIII. *Braiser.* — Faire cuire à feu doux, sans évaporation, de manière à ce que les viandes conservent tout leur suc.

XIV. *Brider.* — Passer avec la lardoire une ficelle dans les cuisses et les ailes d'une volaille pour la maintenir.

XV. *Ciseler.* — Inciser en plusieurs endroits la peau d'un fruit, la chair d'un poisson, pour qu'à la cuisson sa chair ne se déchire pas.

XVI. *Court-bouillon.* — Sorte de bouillon généralement composé de vin blanc ou simplement d'eau avec poivre, sel, carottes, oignons, persil, thym, laurier.

XVII. *Emincer.* — Couper en tranches minces soit des légumes, des fruits ou une viande.

XVIII. *Frapper.* — Soumettre une boisson ou un entremets à l'action d'un réfrigérant.

XIX. *A hauteur.* — C'est-à-dire ne pas couvrir la viande de sauce ou d'eau entièrement.

XX. *Liaison.* — Opération qui consiste à terminer une sauce ou un potage. On lie parfois les sauces et potages blancs en leur incorporant un mélange d'œufs et de crème crue. On lie parfois les sauces brunes, et particulièrement celles du gibier, avec du sang. On lie la sauce américaine d'un homard en y incorporant les œufs de homard pilés et tamisés.

XXI. *Monder.* — Nettoyer, séparer des impuretés ou des parties inutiles.

XXII. *Sangler.* — Serrer fortement l'appareil; l'entourer et le couvrir avec de la glace pilée, salée, dans certains cas, mêlée avec du salpêtre.

XXIII. *Fontaine.* — Creux formé dans la farine après qu'elle a été posée sur le tour.

XXIV. *Fraiser.* — Fraiser une pâte, c'est, une fois qu'elle est rassemblée et pour ainsi dire terminée, l'écraser avec les paumes des mains par petites parcelles pour mélanger le beurre qui ne l'aurait pas été suffisamment.

XXV. *Tour.* — Table sur laquelle on travaille la pâtisserie exclusivement réservée à la confection de la pâte.

Donner un tour, c'est abaisser le feuilletage et le replier.

Donner un demi-tour, c'est replier la pâte en deux. On dit aussi fraiser la pâte trois tours.

XXVI. *Masquer.* — Recouvrir un mets d'une substance quelconque : sauce, sirop, sucre.

XXVII. *Habiller.* — Bien trousser une volaille; mettre au point, nettoyer un poisson.

XXVIII. *Napper.* — Recouvrir d'une sauce assez compacte un morceau de viande, une volaille, un gâteau.

Table des Matières du Volume I

I

II

Recettes expliquées par les Photographies

III

Table des Matières du Volume II

I

II

Recettes expliquées par les Photographies

III

VOLUME III

Recettes expliquées par les Photographies

Table des Matières du présent Volume

Librairie CULINA

Fondée en 1908

27, Rue des Cloys (XVIIIE)

TÉLÉPHONE : MARCADET 17-30 (ANCIEN 517-30)

Liste des Ouvrages et Publications éditées et en Magasin

Culina (*4e année d'existence*)

Journal mensuel, publiant le 5 de chaque mois des Cours de cuisine et de pâtisserie, avec photographies et dessins explicatifs.

Le Numéro, **0 fr. 50.** Étranger. **0 fr. 85**

ABONNEMENTS :

France, Algérie, Tunisie, *Un an*, **6** fr. — Étranger, *Un an*, **10** fr.

COLLECTION DES ANNÉES PRÉCÉDENTES :

	France	*Etranger*
1re année. Déc. 1908 - Nov. 1909, presque épuisée, en fascicules séparés (Nos 1 à 12)	15 »	20 »
1re année. Déc. 1908 - Nov. 1909. Un volume relié toile bleue, fers spéciaux (400 pages, 500 recettes), 700 illustrations	20 »	25 »
2e année. Déc. 1909 - Nov. 1910. En fascicules séparés (Nos 13 à 24)	12 »	15 »
2e année. Déc. 1909 - Nov. 1910. Un volume relié toile bleue, fers spéciaux	15 »	20 »
3e année. Déc. 1910 - Nov. 1911. En fascicules séparés (Nos 25 à 36)	9 »	12 »
3e année. Déc. 1910 - Nov. 1911. Un volume relié toile bleue, fers spéciaux	12 »	15 »

LA PATISSERIE, par G. DUMONT. Tome I. *Cours élémentaire* en 10 leçons, à la portée de tous. Un volume de 128 pages, orné de 96 photos et 138 dessins à la plume.

Broché . . . . **0 95,** franco **1 10**
Relié toile bleue . . . . **1 50,** — **1 80**

LA PATISSERIE, par G. DUMONT. Tome II. *Cours moyen* en 10 leçons. Suite du tome I. Un volume 128 pages

Broché . . . . **0 95,** franco **1 10**
Relié toile bleue . . . . **1 50,** — **1 80**

LA PATISSERIE, par G. DUMONT. Tome III. *Cours moyen* en 10 leçons. Suite des ouvrages qui précèdent. Un volume de 128 pages.

Broché . . . . **0 95,** franco **1 10**
Relié toile bleue . . . . **1 50,** — **1 80**

LA CUISINE SIMPLE, par tante MAC. *Petit dictionnaire de recettes faciles*, recommandé pour les familles. Un volume de 128 pages, orné de nombreux dessins à la plume.

Broché . . . . **0 95,** franco **1 10**
Relié toile bleue . . . . **1 50,** — **1 80**

LA CUISINE BOURGEOISE, par G. DUMONT. *Petit Dictionnaire de recettes familiales* (suite du volume précédent). Un volume de 128 pages, avec dessins à la plume.

Broché . . . . **0 95,** franco **1 10**
Relié toile bleue . . . . **1 50,** — **1 80**

En souscription : **L'ENCYCLOPÉDIE ILLUSTRÉE DE L'ALIMENTATION** œuvre colossale englobant toutes les connaissances culinaires du siècle (demander le prospectus spécial ayant trait à cet ouvrage).

IMP. LECOQ, MATHOREL & CH. BERNARD, PARIS

TÉLÉP. 252.69
LA RÉALITÉ
Boulᵈ Poissonnière
(Entrée 17, Rue Sᵗ Fiacre)
AFFICHES ILLUSTRÉES
TABLEAUX RÉCLAME
CROQUIS
CATALOGUES
ALBUMS
CLICHÉS
PHOTOGRAPHIE ARTISTIQUE & INDUSTRIELLE

Le
LÉO

ÉRITABLE
CAPUCINE
ANGERS
LIQUEUR
DIGESTIVE

IMP. LECOQ, MATHOREL & CH. BERNARD.

www.ingramcontent.com/pod-product-compliance
Lightning Source LLC
LaVergne TN
LVHW012021220826
846092LV00001B/442